ATLAS DES GUERRES

ET DES CONFLITS DANS LE MONDE

Titres parus dans la collection Atlas / Monde

Atlas de l'alimentation
Atlas des espèces en danger
Atlas des religions
Atlas de l'Allemagne
Atlas du cerveau
Atlas de la Chine contemporaine
Atlas des désordres du monde
Atlas mondial du développement durable
Atlas des Français
Atlas du nouvel état du monde
Atlas des États-Unis d'Amérique
Atlas des médias dans le monde
Atlas de la santé dans le monde
Atlas de la sexualité dans le monde
Atlas de la Terre
Atlas du XXIe siècle
Atlas des femmes dans le monde

Édition originale parue en 2003 en langue anglaise
sous le titre *Atlas of War and Peace*
par Myriad Editions Limited, 6-7 Old Steine,
Brighton BN1 1EJ, Royaume-Uni
http://www.MyriadEditions.com

© Myriad Editions Limited, 2003

Édition et coordination pour les Éditions Myriad :
Paul Jeremy et Candida Lacey
Graphisme : Paul Jeremy, Isabelle Lewis et Corinne Pearlman
Cartographie : Isabelle Lewis

© Éditions Autrement 2003
pour la présente édition et traduction.
Éditions Autrement, 77, rue du Faubourg-Saint-Antoine,
75011 Paris.
Tél : 01 44 73 80 00 – Fax : 01 44 73 00 12

ISBN : 2-7467-0355-6
Dépôt légal : 2e trimestre 2003.
Imprimé et broché à Hongkong

Atlas des guerres

et des conflits dans le monde

nouvelle édition augmentée et enrichie

Dan Smith

avec
Ane Bræin

Traduit de l'anglais par Antoine Bourguilleau

Éditions Autrement - collection Atlas/Monde
Le Memorial de Caen

Dan Smith est consultant et a dirigé l'Institut international de recherche pour la Paix d'Olso en Norvège. Il est l'auteur de l'*Atlas du nouvel état du monde*, publié aux éditions Autrement. En 2002, Dan Smith a été décoré de l'Ordre de l'Empire britannique.

Ane Bræin dirige la section consacrée à la Méditerranée orientale à l'Institut international de recherche pour la Paix d'Oslo en Norvège. Après avoir terminé ses études d'arabe et d'histoire du Proche-Orient, elle a fait partie des observateurs civils du *Temporary International Presence* à Hébron.

TABLE DES MATIÈRES

INTRODUCTION

Lors de rares événements, nous avons l'impression qu'une ère nouvelle débute sous nos yeux et que le cours de l'histoire s'accélère. Le 11 septembre 2001 fut l'un de ces moments, quand la destruction des tours jumelles du World Trade Center de New York et d'une partie du Pentagone à Washington entraîna la mort de plus de 3 000 personnes.

Les analystes se sont trouvés confrontés à deux difficultés. La première est l'immense émotion suscitée par l'événement qui brouille le discernement. La seconde est la taille de l'événement lui-même, qui pousse à l'isoler de ce qui le précède, comme si le 11 septembre avait créé un monde complètement nouveau.

Les Américains ont tout particulièrement du mal à comprendre pourquoi ils ont été pris pour cible. À l'observation des premières couvertures médiatiques du 11 septembre, on est frappé de voir que cette question n'était pas à l'ordre du jour. Car se la poser signifiait qu'elle pouvait avoir une réponse et que ces attentats pouvaient donc être des actes rationnels. Or comment de tels actes pouvaient-ils être rationnels ?

Envisager que ces actes criminels soient le résultat de calculs ne les légitime pourtant pas. Ceux qui usent de la violence sont généralement indifférents aux conséquences de leurs actes et souvent imperméables aux questions éthiques. Certains actes de violence parfaitement calculés, planifiés et conçus dans un but spécifique ont un résultat très différent de celui escompté : les attaques lancées pour réprimer le terrorisme ne font que l'encourager, celles menées pour dissuader les populations de soutenir un soulèvement ne font qu'aider les insurgés à recruter davantage, et celles visant à garantir la sécurité la réduisent à néant.

Les attentats du 11 septembre étaient des actes calculés, ce qui veut dire qu'ils avaient un but, mais pas nécessairement qu'ils l'ont atteint. La cible de ces attaques a été désignée par les déclarations d'Oussama Ben Laden, chef du réseau al Qaida, ainsi que ceux que visaient ces attentats : le pouvoir financier et stratégique des États-Unis — on croit savoir que le quatrième avion détourné avait une cible politique. Il semble que l'objectif était de battre le rappel de l'unité islamique et de frapper les États-Unis pour les forcer à se retirer du Proche-Orient et particulièrement d'Arabie saoudite.

Une fois le choc et la stupeur passés, la conséquence immédiate des attentats fut de réunir la majeure partie du monde derrière l'offensive américaine contre al Qaida, ses bases et ses soutiens en Afghanistan. Cette offensive a partiellement réussi. Si Ben Laden n'a pu être capturé, le régime des Taliban qui le protégeait fut renversé.

S'il fallait dans tout cela distinguer un succès pour al Qaida, il est assez paradoxal. Les États-Unis n'ont pas répondu aux attentats en reculant mais en s'impliquant davantage, non seulement en se rendant en Afghanistan, mais en étendant leur présence militaire dans d'autres parties du monde, particulièrement au Proche-Orient et en Asie centrale. La dissémination de ces forces démontre la formidable puissance des forces armées américaines, mais elle multiplie aussi géographiquement les occasions de la frapper.

La dimension historique d'événements aussi énormes que le 11 septembre est généralement exagérée dans l'immédiat après-coup. Il est néanmoins clair que cette date marque la fin d'une période intermédiaire qui avait débuté douze ans auparavant. En novembre 1989, le mur de Berlin s'effondrait et la guerre froide prenait fin. Au début des années 1990, les débris de ce mur étaient vendus à la fois comme souvenirs d'un événement historique et comme les symboles d'une ère de paix et de liberté à venir. L'effondrement des tours jumelles du World Trade Center a certainement marqué la fin de cette période.

Nous n'avons pas encore donné un nom à cette nouvelle ère, mais le fait qu'elle a débuté est irréfutable.

Si nous prenons toute la mesure de l'événement historique qui a mis fin à cette période intermédiaire, nous devons également reconnaître que peu de choses ont changé. Les guerres du début du XXIe siècle durent pour certaines depuis plus de dix ans, et leurs causes sont plus anciennes encore. Nombre de ces guerres résultent des échecs économiques et politiques des pays qu'elles frappent. Ces échecs peuvent s'expliquer par la façon dont le monde pèse de tout son poids sur les moins riches et par les tares de ces sociétés que cette injustice aggrave encore.

Avec la fin de la guerre froide en 1989, il est devenu possible de regarder ces conflits pour ce qu'ils sont : non pas des manifestations locales de la lutte entre les superpuissances, mais de véritables tragédies humaines.

Durant les années 1990, ces conflits hérités de la guerre froide et qui n'avaient que peu de rapport avec elle coexistèrent avec les guerres provoquées par la chute du Mur. L'éclatement de l'URSS et de la Yougoslavie entraîna une série de guerres violentes. Certaines ont continué après le 11 septembre, d'autres ont été étouffées. Mais les problèmes qui les ont causées, s'ils sont actuellement maîtrisés, ne sont pas résolus pour autant. Même un événement aussi cataclysmique que le 11 septembre ne change pas tout : les anciens démons de la guerre froide et de la période intermédiaire cohabitent fort bien avec ceux de la période actuelle.

La période antérieure à la chute du Mur fut marquée par un conflit bipolaire entre deux prétendants à la domination mondiale : les États-Unis et l'URSS. Notre nouvelle ère est caractérisée par l'écrasante domination militaire des États-Unis. Aucun État n'est aussi puissant en matière militaire, mais, comme chacun le sait depuis le 11 septembre, le pouvoir sans partage ne rend pas invulnérable.

Voici peut-être l'idée simple qui sous-tend cet atlas : le pouvoir peut être bien ou mal utilisé, et les États-Unis sont la première puissance mondiale. La mesure permettant de juger de la bonne utilisation de ce pouvoir doit être la sécurité au sens le plus strict : l'assurance d'une vie décente pour les gens ordinaires.

Cet atlas est le quatrième d'une série débutée en 1983. À cette époque, il convenait de replacer les conflits dans un contexte global de rivalité bipolaire et tout était question d'alignement et de rapport de force entre les blocs. Le monde a bien changé en vingt ans et il m'a semblé qu'il convenait à présent de prendre ses distances avec cette vision globale et de se recentrer sur le régional et le particulier. Les choses semblent alors plus complexes. Après vingt ans passés à travailler sur ces sujets, je dois cependant avouer que je ne sais pas si les choses sont en apparence plus complexes, ou si elles le sont réellement devenues.

Les trois premiers chapitres offrent une vue générale. Le premier examine les grandes causes de conflits, le suivant est consacré à la puissance et au matériel militaire et le troisième traite des répercussions morales et humaines des guerres. Les cinq chapitres suivants traitent chacun d'une région et étudient leurs dynamiques de guerre et de paix. Le dernier chapitre nous ramène à la vision globale et tente de montrer comment la paix se construit. J'espère que cet atlas traite de manière équilibrée les questions globales et les questions particulières et surtout qu'il en dégage des tendances générales qui ne heurteront pas trop les spécialistes. J'espère également que le lecteur pourra en tirer quelques conclusions sur la manière dont les conflits se produisent, le type de gouvernement nécessaire pour l'établissement de relations pacifiques et le danger que constitue la quête de la sécurité par le seul biais de la violence et de la démonstration de force, que ce soit à l'échelle régionale ou d'une manière plus globale.

Dan Smith

CHAPITRE UN

Les causes des guerres

UNE NOUVELLE ÈRE HISTORIQUE débuta lorsque la guerre froide prit fin en 1989. Les espoirs initiaux nés à l'Ouest qu'une nouvelle ère de paix s'annonçait sombrèrent au fur et à mesure que l'on prit connaissance des sales guerres qui agitaient le tiers-monde, l'ex-Union soviétique et le sud-est de l'Europe. Depuis la fin de la guerre froide, plus de 120 guerres ont éclaté à travers le monde.

Une des raisons de cette prise de conscience accrue des conflits était l'augmentation de leur nombre. Au début des années 1990, le nombre annuel de guerres ouvertes augmenta nettement en comparaison des années précédentes. Au milieu de la décennie, toutefois, le rythme se ralentit, et le nombre annuel commença à diminuer. À la fin du millénaire, le monde connaissait à peu près autant de conflits que juste avant la fin de la guerre froide.

Dans une certaine mesure, on prenait aussi conscience de ces guerres parce que, la guerre froide étant terminée, les gens pouvaient enfin y voir clair. Durant la majeure partie du XXe siècle, la grande confrontation entre les États-Unis et l'URSS, avec leurs systèmes d'alliances respectifs, avait poussé de nombreuses personnes à ne regarder le monde qu'à la lumière de l'affrontement Est-Ouest. Ce qui ne rentrait pas dans ce cadre était tout bonnement ignoré.

Moins de 10 % des guerres contemporaines ont lieu entre des États. Les guerres d'indépendance contre des puissances coloniales sont presque entièrement un souvenir, bien qu'il existe de nombreuses guerres de sécession, dans lesquelles les dirigeants d'une région ou d'un groupe ethnique tentent de se séparer d'un État. Les guerres internationales obtiennent inévitablement une énorme couverture

Conflits armés 1990-2001

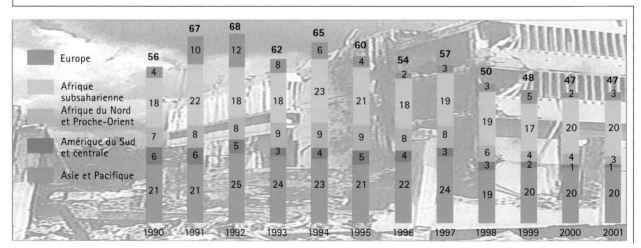

	1990	1991	1992	1993	1994	1995	1996	1997	1998	1999	2000	2001
Total	56	67	68	62	65	60	54	57	50	48	47	47
Europe	4	10	12	8	6	4	2	3	3	5	2	3
Afrique subsaharienne	18	22	18	18	23	21	18	19	19	17	20	20
Afrique du Nord et Proche-Orient	7	8	8	9	9	9	8	8	6	4	4	3
Amérique du Sud et centrale	6	6	5	3	4	5	4	3	3	2	1	1
Asie et Pacifique	21	21	25	24	23	21	22	24	19	20	20	20

médiatique, non seulement en raison de leur importance évidente, mais aussi parce qu'elles sont une denrée rare : aujourd'hui, la majorité des guerres se produit au sein des États plutôt qu'entre eux.

On ne prend pas les armes facilement. Mais, si la décision de livrer une guerre est généralement complexe et sous-tendue par des causes multiples, seuls deux facteurs doivent être réunis pour qu'une guerre se produise : avoir un différend et posséder les ressources pour se battre. En revanche, la nature des différends et les facteurs qui les font basculer dans la violence sont extrêmement variés.

C'est cette grande variété de causes possibles qui rend les guerres si dures à comprendre. Et c'est la raison pour laquelle certaines guerres récentes, pourtant annoncées comme inévitables par tous les experts, semblent prendre par surprise les dirigeants politiques internationaux.

Pour tenter de comprendre les guerres, il est bon d'en répartir les causes en différentes catégories. En premier lieu, les questions de fond : des problèmes qui prennent plus d'ampleur chaque décennie et qui finissent par constituer un baril de poudre prêt à exploser. Viennent ensuite les facteurs politiques : le comportement de dirigeants ou de mouvements politiques, leurs buts et la manière dont ils les poursuivent. Ceux-là constituent le détonateur de notre explosif, n'attendant qu'une étincelle. Enfin, les déclencheurs, de nature imprévisible : parfois un acte délibéré ayant pour but de déclencher la guerre, mais le plus souvent un quasi-accident, comme un assassinat ou une manifestation qui tourne à l'émeute, une action de police qui vire au massacre ou même le changement du cours mondial d'un produit de première nécessité. Ils sont l'étincelle qui met le feu aux poudres.

Les quatre cartes qui suivent traitent des problèmes de fond. Les comportements politiques et les déclencheurs de guerres ouvertes sont examinés dans une seconde partie : les guerres… et les dynamiques de paix.

Les cartes de la première partie permettent de comprendre les causes profondes des conflits, qui associent à une situation économiquement faible un manque d'ouverture politique qui permettrait un changement pacifique. Nous voyons ici les fondements mêmes de l'injustice : plus les ressources d'un pays sont faibles, plus dure est la compétition pour les obtenir et plus faible est la capacité de l'État à subvenir aux besoins du peuple. Cela entraîne des protestations, un sentiment d'injustice et de la frustration. Et cela constitue un terreau fertile pour des responsables politiques ambitieux, qui utilisent ces protestations et se font la voix de ce sentiment d'injustice, qu'ils partagent ou non la sensibilité de leurs partisans.

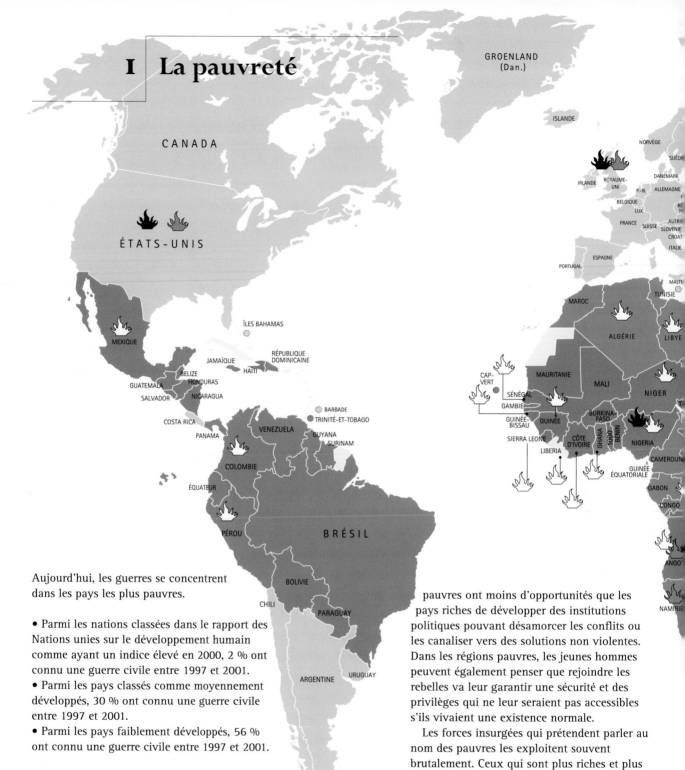

I | La pauvreté

Aujourd'hui, les guerres se concentrent dans les pays les plus pauvres.

• Parmi les nations classées dans le rapport des Nations unies sur le développement humain comme ayant un indice élevé en 2000, 2 % ont connu une guerre civile entre 1997 et 2001.
• Parmi les pays classés comme moyennement développés, 30 % ont connu une guerre civile entre 1997 et 2001.
• Parmi les pays faiblement développés, 56 % ont connu une guerre civile entre 1997 et 2001.

Si la guerre touche davantage les pays pauvres, cela est en partie dû au fait que les peuples ne peuvent pas y satisfaire leurs besoins aussi facilement que dans les pays riches. La compétition pour les ressources y est plus féroce et plus désespérée. Les pays les plus pauvres ont moins d'opportunités que les pays riches de développer des institutions politiques pouvant désamorcer les conflits ou les canaliser vers des solutions non violentes. Dans les régions pauvres, les jeunes hommes peuvent également penser que rejoindre les rebelles va leur garantir une sécurité et des privilèges qui ne leur seraient pas accessibles s'ils vivaient une existence normale.

Les forces insurgées qui prétendent parler au nom des pauvres les exploitent souvent brutalement. Ceux qui sont plus riches et plus puissants que les autres peuvent en arriver aux dernières extrémités pour conserver ce qu'ils possèdent ou en grappiller un peu plus. Et les pays pauvres ont moins de capacité que les pays riches à empêcher des individus sans scrupule de les exploiter.

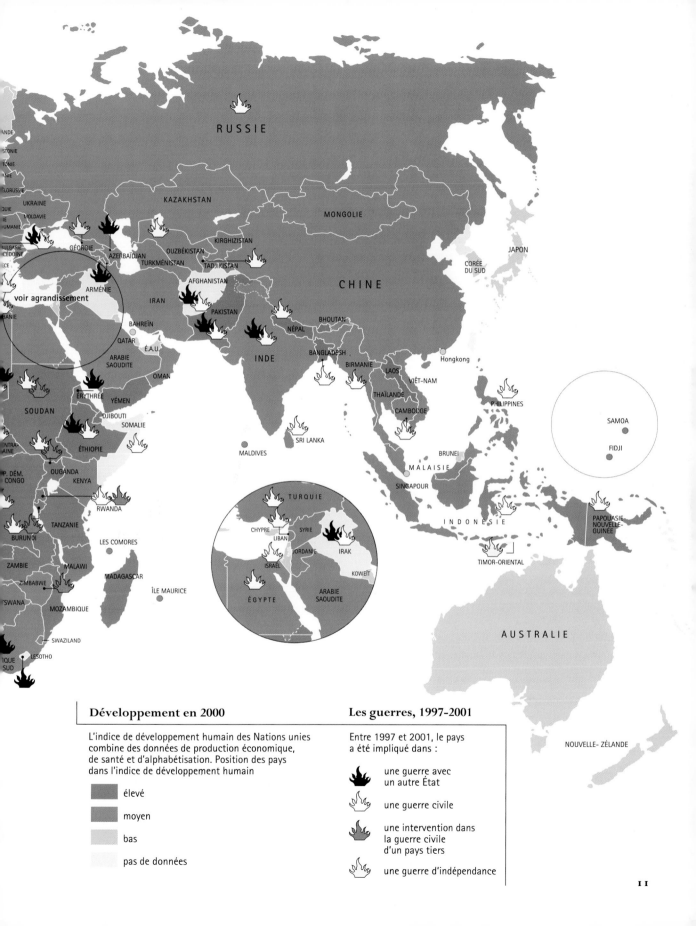

RUSSIE

ANDE
STONIE
TONIE
ELORUSSIE
UKRAINE
QUIE   MOLDAVIE
IE ROUMANIE
ULGARIE
CEDOINE
CE
BANIE

KAZAKHSTAN

MONGOLIE

JAPON

GÉORGIE
AZERBAÏDJAN
TURKMÉNISTAN
ARMÉNIE

voir agrandissement

KIRGHIZISTAN
OUZBÉKISTAN
TADJIKISTAN

CHINE

CORÉE
DU SUD

AFGHANISTAN
IRAN
PAKISTAN

BHOUTAN
NÉPAL

Hongkong

BAHREÏN
QATAR
É.A.U.
ARABIE
SAOUDITE
OMAN

INDE

BANGLADESH
BIRMANIE

LAOS
VIÊT-NAM
THAÏLANDE
CAMBODGE

PHILIPPINES

SOUDAN
ÉRYTHRÉE
YÉMEN
DJIBOUTI
SOMALIE
ÉTHIOPIE

SRI LANKA

MALDIVES

BRUNEI
MALAISIE
SINGAPOUR

SAMOA

FIDJI

ENTRA-
AINE
P. DÉM.
CONGO
OUGANDA
KENYA
RWANDA
TANZANIE
BURUNDI

LES COMORES

MADAGASCAR

ÎLE MAURICE

INDONÉSIE

PAPOUASIE-
NOUVELLE-
GUINÉE

ZAMBIE
MALAWI
ZIMBABWE
SWAZILAND
QUE
SUD
LESOTHO
MOZAMBIQUE
SWAZILAND

TURQUIE

TIMOR-ORIENTAL

CHYPRE   SYRIE
LIBAN
JORDANIE   IRAK
ISRAËL
KOWEÏT
ÉGYPTE   ARABIE
SAOUDITE

AUSTRALIE

NOUVELLE- ZÉLANDE

Développement en 2000

L'indice de développement humain des Nations unies
combine des données de production économique,
de santé et d'alphabétisation. Position des pays
dans l'indice de développement humain

- élevé
- moyen
- bas
- pas de données

Les guerres, 1997-2001

Entre 1997 et 2001, le pays
a été impliqué dans :

- une guerre avec
  un autre État
- une guerre civile
- une intervention dans
  la guerre civile
  d'un pays tiers
- une guerre d'indépendance

11

2 Les droits

CANADA

ÉTATS-UNIS

Arrestations et détentions arbitraires après le 11 septembre 2001.

MEXIQUE

ÎLES BAHAMAS

CUBA

JAMAÏQUE

BELIZE
HONDURAS
GUATEMALA
SALVADOR
NICARAGUA

HAÏTI

RÉPUBLIQUE
DOMINICAINE

STE-LUCIE

TRINITÉ-ET-TOBAGO

VENEZUELA

GUYANA
SURINAM

COLOMBIE

ÉQUATEUR

PÉROU

BRÉSIL

BOLIVIE

CHILI

PARAGUAY

ARGENTINE

URUGUAY

IRLANDE
ROYAUME-UNI
SUÈDE
ALLEMAGNE
BELGIQUE
RÉ
TU
FRANCE SUISSE
AUTRIC
SLOVÉNIE
ITALIE
ESPAGNE
PORTUGAL
MALTE
MAROC
TUNISIE
ALGÉRIE
LIBYE
MAURITANIE
NIGER
CAP-VERT
SÉNÉGAL
GAMBIE
GUINÉE-BISSAU
GUINÉE
BURKINA-FASO
SIERRA LEONE
LIBERIA
CÔTE D'IVOIRE
GHANA
TOGO
BÉNIN
NIGERIA
CAMEROUN
GUINÉE ÉQUATORIALE
CONGO
ANGO
NAMIBI

Guerres et violations graves des droits de l'homme vont souvent de pair. Au début du millénaire :

• 72 % des rapports sur des exécutions sans jugement concernent des États impliqués dans une guerre civile.

• Parmi les États accusés de violations graves des droits de l'homme sous la forme d'arrestations ou de détentions arbitraires, de violences policières ou carcérales, de mauvais traitements réservés aux réfugiés et aux immigrants, 6 % ont connu une guerre civile.

• Parmi les États accusés de tortures, 30 % ont connu une guerre civile.

• Parmi les États accusés d'exécutions sans jugement (d'opposants politiques, de prisonniers de guerre ou d'indésirables), 58 % ont connu une guerre civile.

Quand un État fait preuve d'une violence extrême, l'opposition au pouvoir en place commence par être silencieuse. Si les conditions qui créent le mécontentement s'aggravent, même la répression officielle la plus brutale ne peut étouffer toute opposition, et cette dernière n'a plus d'autre option que la violence.

Quand la guerre commence, la première réaction de la plupart des gouvernements est de réprimer les libertés d'informer, de débattre ou de manifester. Dans certains cas, la répression devient extrême.

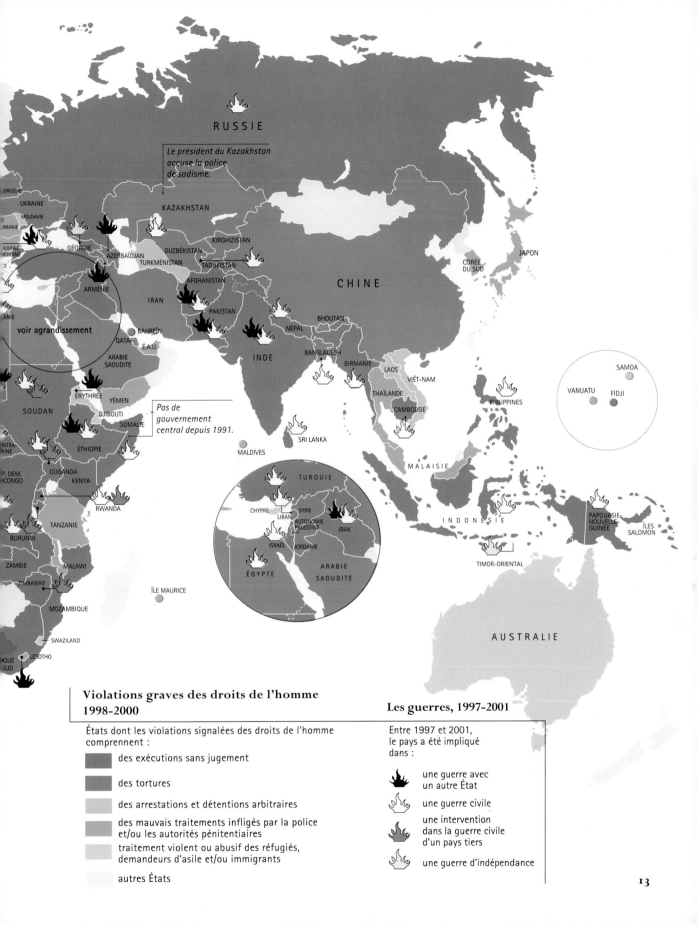

RUSSIE

Le président du Kazakhstan accuse la police de sadisme.

KAZAKHSTAN

UKRAINE
MOLDAVIE
GÉORGIE
AZERBAÏDJAN
ARMÉNIE
IRAN
KIRGHIZISTAN
OUZBÉKISTAN
TURKMÉNISTAN
TADJIKISTAN
AFGHANISTAN
PAKISTAN

CHINE

CORÉE
DU SUD
JAPON

voir agrandissement

QATAR
BAHREÏN
É.A.U.
ARABIE
SAOUDITE

NÉPAL
BHOUTAN
INDE
BANGLADESH
BIRMANIE
LAOS
VIÊT-NAM

ÉRYTHRÉE
YÉMEN
DJIBOUTI
SOMALIE

Pas de gouvernement central depuis 1991.

SOUDAN
ÉTHIOPIE

MALDIVES

SRI LANKA

THAÏLANDE
CAMBODGE

PHILIPPINES

OUGANDA
KENYA
P. DÉM.
CONGO

RWANDA

MALAISIE

TANZANIE
BURUNDI

ÎLE MAURICE

TURQUIE
CHYPRE
SYRIE
LIBAN
AUTONOMIE
PALESTINE
IRAK
ISRAEL
JORDANIE
ÉGYPTE
**ARABIE
SAOUDITE**

ZAMBIE
MALAWI
ZIMBABWE
MOZAMBIQUE

INDONESIE

PAPOUASIE
NOUVELLE-
GUINÉE
ÎLES
SALOMON

TIMOR-ORIENTAL

SAMOA
VANUATU
FIDJI

SWAZILAND
LESOTHO

AUSTRALIE

Violations graves des droits de l'homme
1998-2000

Les guerres, 1997-2001

États dont les violations signalées des droits de l'homme comprennent :

des exécutions sans jugement

des tortures

des arrestations et détentions arbitraires

des mauvais traitements infligés par la police et/ou les autorités pénitentiaires

traitement violent ou abusif des réfugiés, demandeurs d'asile et/ou immigrants

autres États

Entre 1997 et 2001,
le pays a été impliqué
dans :

une guerre avec
un autre État

une guerre civile

une intervention
dans la guerre civile
d'un pays tiers

une guerre d'indépendance

13

3 Les systèmes politiques

La transition globale vers la démocratie a été un des faits marquants du XXᵉ siècle. Elle a procuré de nombreux avantages en termes de liberté, d'État de droit et de paix. Les États démocratiques ne se font pas la guerre et, bien que les États pouvant formellement se considérer comme démocratiques puissent aussi bien connaître une guerre civile que des États qui sont de franches dictatures, les démocraties bien établies sont beaucoup plus stables que les dictatures. Mais si la démocratie est relativement à l'abri de la guerre, le chemin qui y mène est pavé de dangers. Au début du millénaire :

• Parmi les démocraties établies, 12 % ont connu une guerre civile.

• Parmi les dictatures à parti unique, 45 % ont connu une guerre civile.

• Parmi les États dont la démocratie est transitionnelle ou incertaine, 30 % ont connu une guerre civile.

La guerre dans les pays en voie de démocratisation a été un des facteurs majeurs de l'expansion des conflits armés durant les années 1990, particulièrement en ex-Union soviétique et en ex-Yougoslavie. Quand les règles du jeu ne sont pas claires, ne sont pas acceptées par toutes les parties ou sont mal établies, les rivalités politiques se poursuivent par tous les moyens possibles. Une défaite électorale (ou sa probabilité) peut provoquer une guerre.

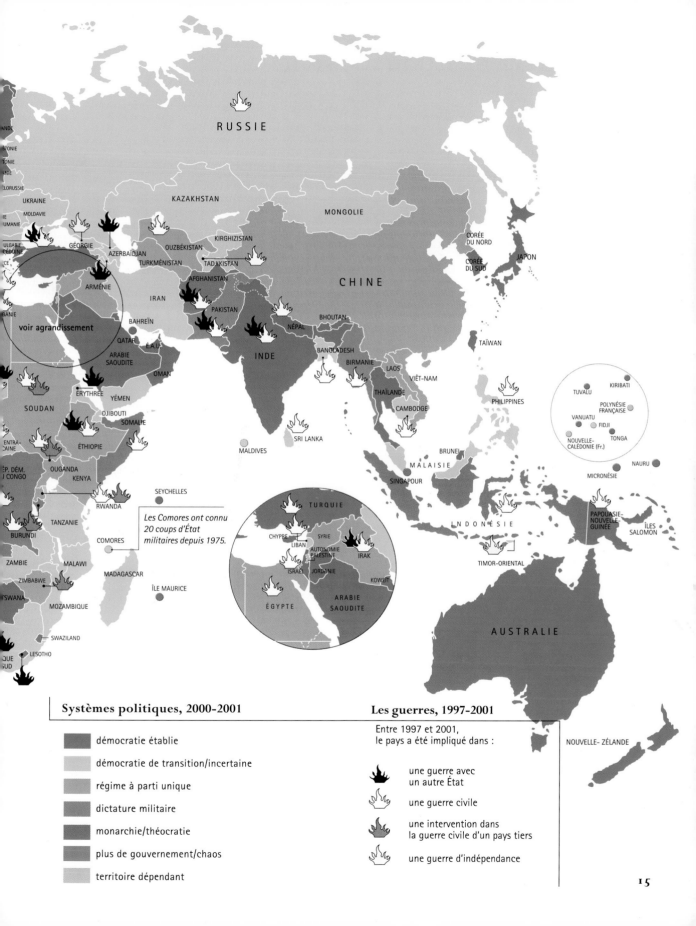

RUSSIE

KAZAKHSTAN

MONGOLIE

CHINE

ÎLANDE
STONIE
TONIE
ARIE
ÉLORUSSIE
UKRAINE
MOLDAVIE
IE
UMANIE
ULGARIE
CÉDOINE
CE
BANIE

GÉORGIE
AZERBAÏDJAN
ARMÉNIE
IRAN

voir agrandissement

BAHREÏN
QATAR
É.A.U.
ARABIE
SAOUDITE
OMAN

SOUDAN
ÉRYTHRÉE
YÉMEN
DJIBOUTI
SOMALIE
ÉTHIOPIE

ENTRA-
AINE
ÉP. DÉM.
J CONGO
OUGANDA
KENYA

SEYCHELLES

RWANDA

TANZANIE

COMORES

Les Comores ont connu
20 coups d'État
militaires depuis 1975.

MALAWI
MADAGASCAR
ÎLE MAURICE

ZAMBIE

ZIMBABWE
SWAZILAND
LESOTHO
QUE
SUD

KIRGHIZISTAN
OUZBÉKISTAN
TURKMÉNISTAN
TADJIKISTAN
AFGHANISTAN
PAKISTAN
NÉPAL
BHOUTAN
INDE
BANGLADESH
BIRMANIE
LAOS
THAÏLANDE
VIÊT-NAM
CAMBODGE

CORÉE
DU NORD
CORÉE
DU SUD
JAPON

TAÏWAN

SRI LANKA

MALDIVES

BRUNEI

MALAISIE
SINGAPOUR

INDONÉSIE

PHILIPPINES

TUVALU
KIRIBATI
POLYNÉSIE
FRANÇAISE
VANUATU
FIDJI
NOUVELLE-
CALÉDONIE (Fr.)
TONGA
NAURU
MICRONÉSIE

PAPOUASIE-
NOUVELLE-
GUINÉE
ÎLES
SALOMON

TIMOR-ORIENTAL

AUSTRALIE

TURQUIE
CHYPRE
SYRIE
LIBAN
AUTONOMIE
PALESTINE
IRAK
ISRAËL
JORDANIE
KOWEÏT
ÉGYPTE
ARABIE
SAOUDITE

NOUVELLE- ZÉLANDE

Systèmes politiques, 2000-2001

- démocratie établie
- démocratie de transition/incertaine
- régime à parti unique
- dictature militaire
- monarchie/théocratie
- plus de gouvernement/chaos
- territoire dépendant

Les guerres, 1997-2001

Entre 1997 et 2001,
le pays a été impliqué dans :

- une guerre avec
un autre État
- une guerre civile
- une intervention dans
la guerre civile d'un pays tiers
- une guerre d'indépendance

4 La question ethnique

Sur le long terme, on observe que des groupes ethniques différents cohabitent en paix plus souvent qu'ils ne sont enclins à se faire la guerre. Mais les différences ethniques, de races et de nations offrent de riches opportunités pour les responsables politiques cherchant à fédérer leurs partisans autour d'idées commodes : la peur de toute personne différente, ou la nécessité de désigner un groupe d'étrangers comme responsables des problèmes. Partout dans le monde, au nom de cette peur illusoire, un trop grand nombre de personnes ont tendance à sombrer dans l'irrationnel, à approuver les violences exercées à l'encontre des autres et à accepter des restrictions envers leurs propres libertés.

Au début du XXIe siècle, la majeure partie des pays à grande diversité ethnique n'étaient pas en guerre. Malgré cela, le risque de conflit est plus élevé dans ces pays, particulièrement si ce sont des pays pauvres et non démocratiques. Dans certains cas, pourtant, la diversité ethnique d'un pays ne joue aucun rôle dans le déclenchement de la guerre.

Si la guerre civile est justifiée par la menace que représentait un groupe ethnique, une race ou une nation particulière, les craintes et les haines réciproques vont s'intensifier avec la guerre, éloignant d'autant les perspectives de réconciliation ultérieure. Les risques de redémarrage du conflit sont alors extrêmement élevés.

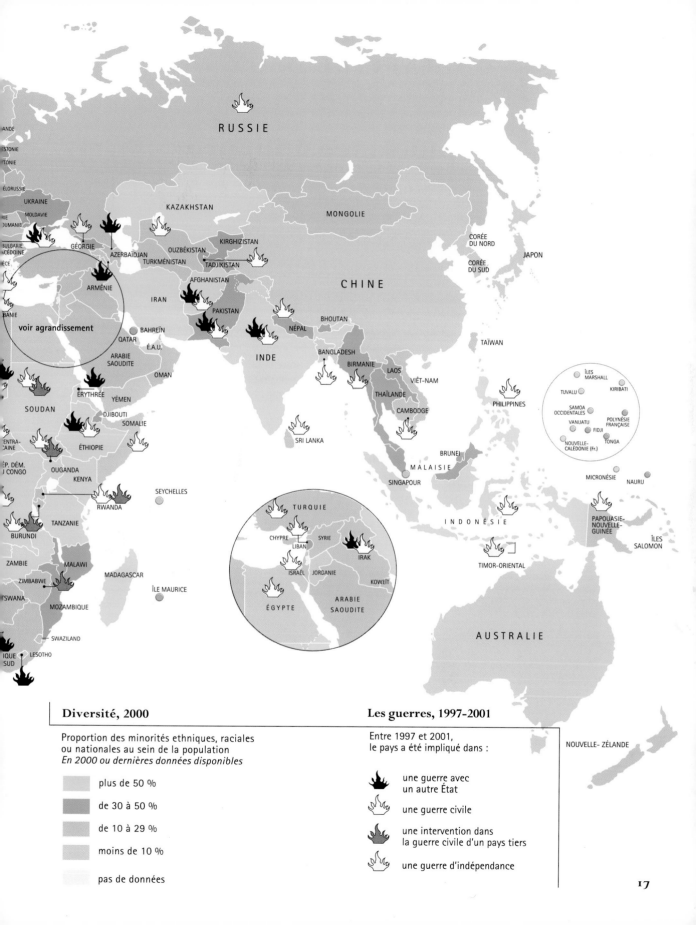

RUSSIE
UKRAINE
MOLDAVIE
ROUMANIE
BULGARIE
MACÉDOINE
GRÈCE
ALBANIE
GÉORGIE
AZERBAÏDJAN
ARMÉNIE
KAZAKHSTAN
OUZBÉKISTAN
TURKMÉNISTAN
TADJIKISTAN
KIRGHIZISTAN
MONGOLIE
CHINE
CORÉE DU NORD
CORÉE DU SUD
JAPON
IRAN
AFGHANISTAN
PAKISTAN
NÉPAL
BHOUTAN
INDE
BANGLADESH
BIRMANIE
TAÏWAN
QATAR
BAHREÏN
É.A.U.
ARABIE SAOUDITE
OMAN
YÉMEN
LAOS
VIÊT-NAM
THAÏLANDE
CAMBODGE
PHILIPPINES
ÉRYTHRÉE
DJIBOUTI
SOMALIE
SOUDAN
ÉTHIOPIE
SRI LANKA
BRUNEI
MALAISIE
SINGAPOUR
RÉP. DÉM. DU CONGO
OUGANDA
KENYA
RWANDA
SEYCHELLES
CENTRAFRICAINE
BURUNDI
TANZANIE
ZAMBIE
MALAWI
MADAGASCAR
ÎLE MAURICE
ZIMBABWE
MOZAMBIQUE
BOTSWANA
SWAZILAND
LESOTHO
AFRIQUE DU SUD
INDONÉSIE
TIMOR-ORIENTAL
PAPOUASIE-NOUVELLE-GUINÉE
ÎLES SALOMON
AUSTRALIE
NOUVELLE-ZÉLANDE

ÎLES MARSHALL
TUVALU
KIRIBATI
SAMOA OCCIDENTALES
VANUATU
POLYNÉSIE FRANÇAISE
FIDJI
NOUVELLE-CALÉDONIE (Fr.)
TONGA
MICRONÉSIE
NAURU

voir agrandissement

TURQUIE
CHYPRE
LIBAN
SYRIE
IRAK
ISRAËL
JORDANIE
KOWEÏT
ÉGYPTE
ARABIE SAOUDITE

Diversité, 2000

Proportion des minorités ethniques, raciales
ou nationales au sein de la population
En 2000 ou dernières données disponibles

- plus de 50 %
- de 30 à 50 %
- de 10 à 29 %
- moins de 10 %
- pas de données

Les guerres, 1997-2001

Entre 1997 et 2001,
le pays a été impliqué dans :

- une guerre avec un autre État
- une guerre civile
- une intervention dans la guerre civile d'un pays tiers
- une guerre d'indépendance

17

CHAPITRE DEUX

La puissance militaire

AUJOURD'HUI, la puissance militaire est moins une question de sécurité qu'une question de pouvoir.

La confrontation États-Unis-URSS, qui dura de 1945 à 1989, fut à la fois politique et militaire. Bien que son aspect militaire se soit concentré sur l'Europe et l'Asie du Nord-Est où d'énormes forces armées étaient rassemblées, la rivalité américano-soviétique ne perdit jamais sa dimension globale.

Mais la guerre froide ne se régla pas par les armes. Elle cessa parce que le système social et économique soviétique était intenable et que, lorsqu'il s'effondra, le système politique ne put y faire face et redresser la situation.

Après avoir dépensé tant d'argent dans le domaine militaire, il apparut qu'au fond la véritable sécurité ne résidait pas dans la puissance des forces armées mais dans la

Principaux systèmes d'armes opérationnels dans le monde

Pourcentage régional et nombre total
2002

- États-Unis
- alliés de l'OTAN
- Russie
- Chine
- reste de l'Asie
- Moyen-Orient et Afrique du Nord
- reste du monde

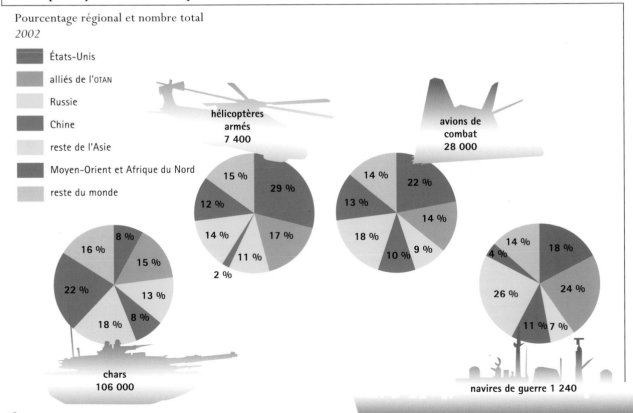

hélicoptères armés 7 400

avions de combat 28 000

chars 106 000

navires de guerre 1 240

stabilité de la société, de l'économie et du système politique.

Alors que l'illusion militariste s'évanouissait, nombre de personnes réalisèrent que, avant même la fin de la guerre froide, l'Europe était parvenue à résoudre la majorité de ses grands problèmes de sécurité par des voies pacifiques. Lors des soixante-dix années qui précédèrent la Seconde Guerre mondiale, la rivalité franco-allemande constituait le principal problème de sécurité en Europe. Aujourd'hui, un conflit entre ces deux pays est impensable, non seulement parce qu'ils sont tous deux membres de l'OTAN, mais plus fondamentalement parce que leur avenir est intimement lié à une coopération économique fructueuse au sein de l'Union européenne.

Bien que la prospérité, la démocratie et la coopération offrent une certaine sécurité, certains aspects de cette sécurité ne peuvent être garantis que par des moyens militaires. Lors des opérations de maintien de la paix, par exemple (pp. 110-113), les forces armées effectuent des tâches qui ne peuvent être accomplies que par elles. Mais elles ne garantissent ni la paix ni la sécurité ; elles ne permettent que de maîtriser la situation en attendant que les fondements d'une paix durable soient posés. Si la sécurité peut au final reposer sur des solutions non militaires, il demeure vrai que, pour l'État le plus puissant, la force militaire assoit le pouvoir politique. Et il n'existe aucun doute sur l'identité de l'État le plus puissant.

Les chiffres qui illustrent l'imposante masse de matériel militaire détenu par les États-Unis ne font que sous-estimer sa prédominance. Car bon nombre des 80 000 chars et 18 000 avions de combat qui ne sont pas entre les mains des États-Unis et de l'OTAN sont mal entretenus, prompts à tomber en panne et réellement opérationnels que la moitié du temps. Même comparé à du matériel adverse parfaitement entretenu, le matériel américain est plus récent et plus perfectionné. C'est pourquoi les États-Unis (soutenus par leurs alliés quand ils en ont besoin) peuvent projeter leurs forces et par voie de conséquence leur puissance partout dans le monde.

Mais puissance ne signifie pas sécurité. Les attentats du 11 septembre 2001 contre le World Trade Center et le Pentagone l'ont démontré aux Américains sur leur propre sol. Peu de temps avant, l'Amérique se passionnait pour un système de pointe de défense antimissile permettant de contrer les armes les plus perfectionnées – système totalement inefficace contre les attentats du 11 septembre.

Puissance et sécurité peuvent se contredire. C'est la démonstration de la toute-puissance américaine (particulièrement au Proche-Orient avec leurs bases en Arabie saoudite) qui a déchaîné certains fanatiques au point qu'ils ont décidé d'attaquer les États-Unis. Si les États-Unis veulent utiliser leur puissance pour protéger leurs intérêts au Proche-Orient, des menaces contre la sécurité et le bien-être des Américains sont presque inévitables. La puissance militaire n'est pas tout.

5 | Sous les drapeaux

Dans le monde, les forces armées régulières et les réserves représentent approximativement 54 millions d'hommes (en majorité) et de femmes, soit un peu moins de 1 % de la population mondiale. Ce chiffre est dix fois inférieur à ce qu'il était au milieu des années

1980, au plus fort de la guerre froide. Les forces régulières seules se chiffrent à 22 millions, soit une baisse de 20 % par rapport au milieu des années 1980.

Les seuls effectifs des forces armées ne sont qu'une faible indication du potentiel militaire. Certaines forces armées sont capables de frapper beaucoup plus fort que d'autres plus nombreuses. Il peut y avoir plusieurs raisons à cela, comme la qualité de la formation et de l'organisation de cette armée, le fait qu'elle adhère aux objectifs du gouvernement ou

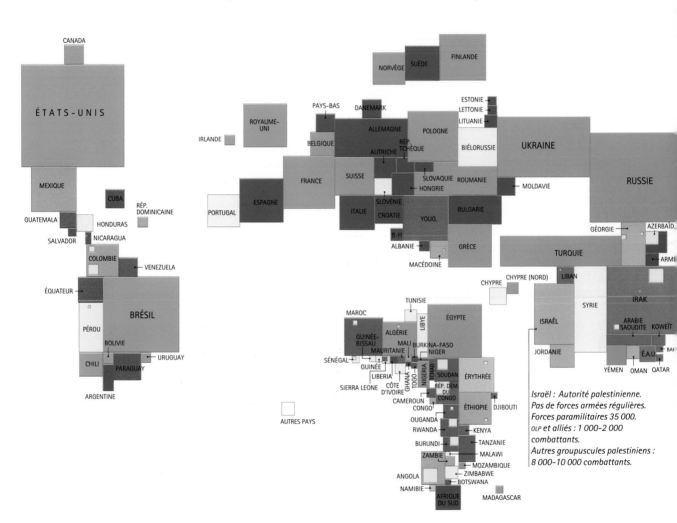

Israël : Autorité palestinienne.
Pas de forces armées régulières.
Forces paramilitaires 35 000.
OLP et alliés : 1 000-2 000 combattants.
Autres groupuscules palestiniens : 8 000-10 000 combattants.

qu'elle s'en éloigne, le fait qu'elle possède une technologie plus avancée que celle de ses adversaires.

Les forces rebelles sont souvent moins nombreuses en comparaison des effectifs disponibles pour les gouvernements, surtout si la réserve est également mobilisée. Mais les rebelles sont souvent mieux entraînés, habituellement plus impliqués et parfois aussi bien équipés que les forces gouvernementales qu'ils affrontent.

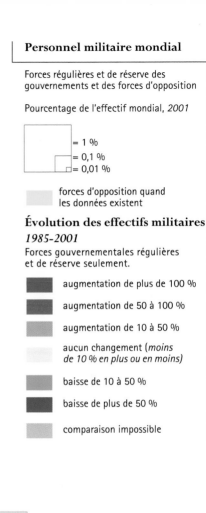

Personnel militaire mondial

Forces régulières et de réserve des gouvernements et des forces d'opposition

Pourcentage de l'effectif mondial, *2001*

☐ = 1 %
☐ = 0,1 %
☐ = 0,01 %

☐ forces d'opposition quand les données existent

Évolution des effectifs militaires
1985-2001
Forces gouvernementales régulières et de réserve seulement.

☐ augmentation de plus de 100 %

☐ augmentation de 50 à 100 %

☐ augmentation de 10 à 50 %

☐ aucun changement (*moins de 10 % en plus ou en moins*)

☐ baisse de 10 à 50 %

☐ baisse de plus de 50 %

☐ comparaison impossible

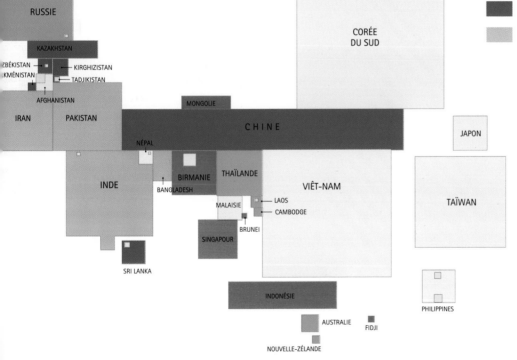

6 | Le service militaire

La majorité des pays considèrent le service militaire des jeunes hommes comme un devoir et les forcent à l'accomplir, avec parfois des exemptions pour des questions de conscience. La majorité des États qui n'acceptent que des volontaires ne le font pas par respect du principe de liberté individuelle, mais parce que les forces composées de volontaires professionnels sont plus efficaces. Les États-Unis adoptèrent des forces exclusivement composées de volontaires dans les années 1970, juste après la guerre du Viêt-nam, parce qu'ils pensaient ne plus pouvoir compter sur des soldats appelés peu motivés.

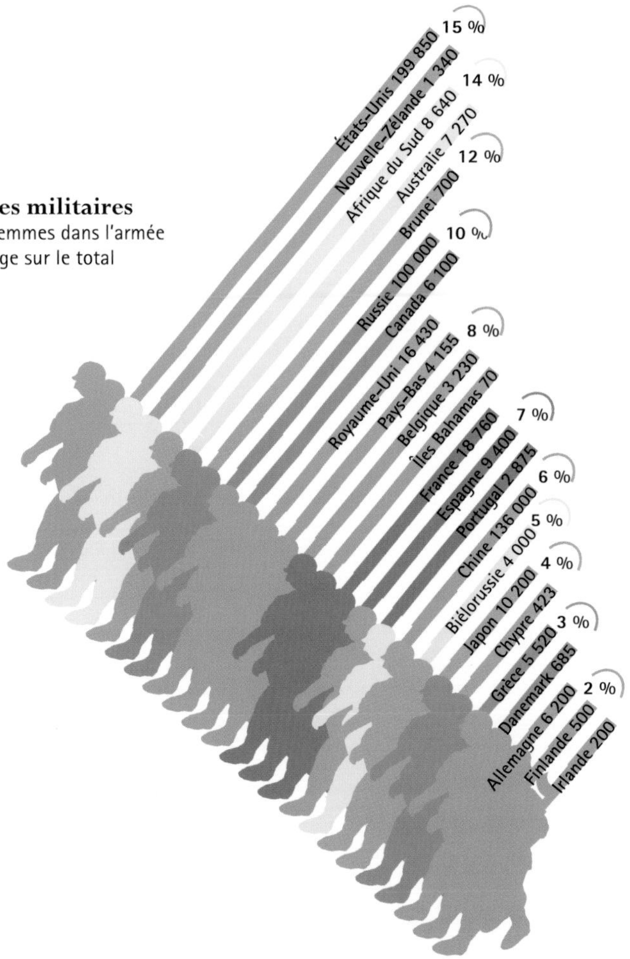

Les femmes militaires
Nombre de femmes dans l'armée et pourcentage sur le total de militaires
2000

États-Unis 199 850 — 15 %
Nouvelle-Zélande 1 340 — 14 %
Afrique du Sud 8 640
Australie 7 270 — 12 %
Brunei 700 — 10 %
Russie 100 000
Canada 6 100 — 8 %
Royaume-Uni 16 430
Pays-Bas 4 155
Belgique 3 230
Îles Bahamas 70 — 7 %
France 18 760
Espagne 9 400
Portugal 2 875 — 6 %
Chine 136 000 — 5 %
Biélorussie 4 000 — 4 %
Japon 10 200
Chypre 423 — 3 %
Grèce 5 520
Danemark 685
Allemagne 6 200 — 2 %
Finlande 500
Irlande 200

CANADA

ÉTATS-UNIS

MEXIQUE

ÎLES BAHAMAS

CUBA

RÉP. DOMINICAINE

JAMAÏQUE

BELIZE
HONDURAS

ANTIGUA-ET-BARBUDA

GUATEMALA
SALVADOR
NICARAGUA

BARBADE
TRINITÉ-ET-TOBAGO

VENEZUELA

GUYANA
SURINAM
GUYANE FRANÇAISE

COLOMBIE

ÉQUATEUR

PÉROU

BRÉSIL

BOLIVIE

PARAGUAY

CHILI

URUGUAY

ARGENTINE

La durée du service des engagés est habituellement plus élevée que celle du service des appelés, afin que les militaires professionnels puissent être entraînés à des tâches plus ardues et plus complexes que leurs homologues conscrits. Ils sont habituellement plus fiers de leurs réalisations et montrent un goût plus grand pour le combat et une meilleure expérience dans ce domaine.

La durée du service, quand il est obligatoire pour les jeunes, varie énormément. En Suisse, le service initial dure quinze semaines, alors qu'il peut atteindre dix ans en Corée du Nord. Au sein d'un même pays, la durée du service

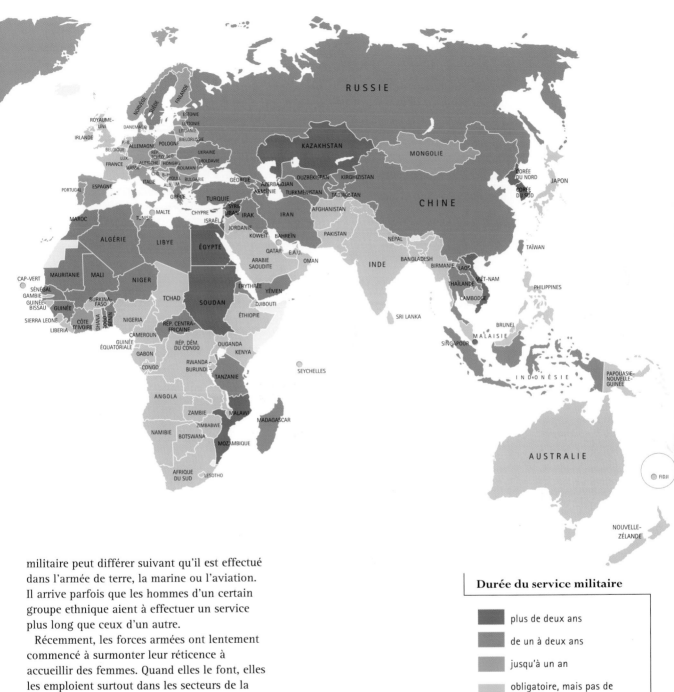

RUSSIE

ROYAUME-
UNI
IRLANDE
P.-B.
BELGIQUE
LUX.
FRANCE
PORTUGAL
ESPAGNE
NORVÈGE
SUÈDE
FINLANDE
ESTONIE
LETTONIE
LITUANIE
DANEMARK
ALLEMAGNE
POLOGNE
BIÉLORUSSIE
RÉP.
TCHÈQUE SLO.
AUTRICHE
HONGRIE
SUISSE
CRO. B.-H.
ITALIE
YOUG.
ALB. M.
GRÈCE
MALTE
UKRAINE
MOLDAVIE
ROUMANIE
BULGARIE
GÉORGIE
AZERBAÏDJAN
ARMÉNIE
TURQUIE
CHYPRE
SYRIE
LIBAN
ISRAËL
IRAK
JORDANIE
KAZAKHSTAN
OUZBÉKISTAN
TURKMÉNISTAN
KIRGHIZISTAN
TADJIKISTAN
IRAN
AFGHANISTAN
KOWEÏT
BAHREÏN
QATAR
E.A.U.
ARABIE
SAOUDITE
OMAN
PAKISTAN
MONGOLIE
CHINE
CORÉE
DU NORD
CORÉE
DU SUD
JAPON
NÉPAL
INDE
BANGLADESH
BIRMANIE
LAOS
TAÏWAN
THAÏLANDE
VIÊT-NAM
PHILIPPINES
CAMBODGE
SRI LANKA
BRUNEI
MALAISIE
SINGAPOUR
INDONÉSIE
PAPOUASIE-
NOUVELLE-
GUINÉE

MAROC
TUNISIE
ALGÉRIE
LIBYE
ÉGYPTE
CAP-VERT
SÉNÉGAL
GAMBIE
GUINÉE
BISSAU
SIERRA LEONE
LIBERIA
MAURITANIE
MALI
NIGER
BURKINA
FASO
GUINÉE
CÔTE
D'IVOIRE
GHANA
TOGO
BÉNIN
NIGERIA
TCHAD
SOUDAN
ÉRYTHRÉE
YÉMEN
DJIBOUTI
ÉTHIOPIE
CAMEROUN
RÉP. CENTRA-
FRICAINE
GUINÉE
ÉQUATORIALE
GABON
CONGO
RÉP. DÉM.
DU CONGO
RWANDA
BURUNDI
OUGANDA
KENYA
SEYCHELLES
TANZANIE
ANGOLA
ZAMBIE
MALAWI
MADAGASCAR
NAMIBIE
ZIMBABWE
BOTSWANA
MOZAMBIQUE
AFRIQUE
DU SUD
LESOTHO

AUSTRALIE

FIDJI

NOUVELLE-
ZÉLANDE

militaire peut différer suivant qu'il est effectué dans l'armée de terre, la marine ou l'aviation. Il arrive parfois que les hommes d'un certain groupe ethnique aient à effectuer un service plus long que ceux d'un autre.

Récemment, les forces armées ont lentement commencé à surmonter leur réticence à accueillir des femmes. Quand elles le font, elles les emploient surtout dans les secteurs de la médecine, des communications, de l'administration ou dans d'autres domaines de l'infrastructure militaire plutôt qu'aux postes de combat. Néanmoins, les États-Unis mettent de plus en plus les femmes à égalité avec les hommes et leur permettent de participer au combat.

Durée du service militaire

- plus de deux ans
- de un à deux ans
- jusqu'à un an
- obligatoire, mais pas de données sur la durée du service
- pas de service obligatoire
- pas de données

7 Les dépenses militaires

En 2000, les dépenses militaires mondiales se chiffraient à 810 billions de dollars par année. Cela représentait près d'un tiers de moins qu'au plus fort de la guerre froide, quinze ans plus tôt.

La fin de la longue confrontation Est-Ouest a entraîné des coupes radicales dans les budgets militaires de la majorité des pays qui y étaient directement impliqués, et a laissé aux États-Unis une position de prédominance militaire, malgré ses propres coupes franches.

Le montant des dépenses militaires découle des décisions d'un gouvernement, fondées sur des facteurs variés : impératifs de sécurité, questions de prestige national, envie d'affirmer sa puissance sur de larges portions du monde.

Il existe de nombreuses façons de mesurer le poids économique de ces décisions. Les pièces ci-contre représentent les États possédant les plus gros budgets de défense en comparant leurs dépenses militaires par habitant.

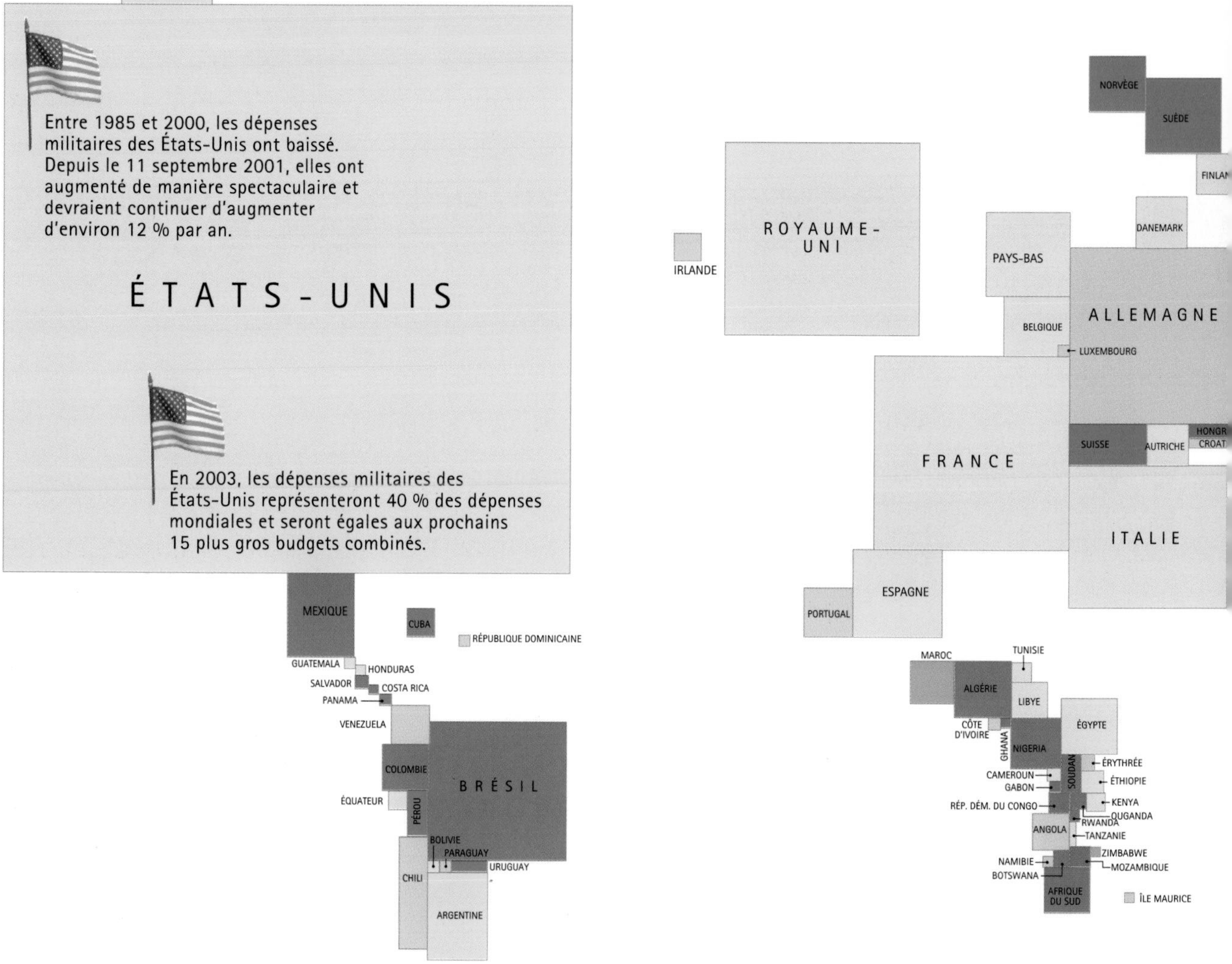

CANADA

Entre 1985 et 2000, les dépenses militaires des États-Unis ont baissé. Depuis le 11 septembre 2001, elles ont augmenté de manière spectaculaire et devraient continuer d'augmenter d'environ 12 % par an.

ÉTATS-UNIS

En 2003, les dépenses militaires des États-Unis représenteront 40 % des dépenses mondiales et seront égales aux prochains 15 plus gros budgets combinés.

MEXIQUE
CUBA
RÉPUBLIQUE DOMINICAINE
GUATEMALA
HONDURAS
SALVADOR
COSTA RICA
PANAMA
VENEZUELA
COLOMBIE
ÉQUATEUR
PÉROU
BOLIVIE
PARAGUAY
URUGUAY
CHILI
BRÉSIL
ARGENTINE

NORVÈGE
SUÈDE
FINLAN
IRLANDE
ROYAUME-UNI
DANEMARK
PAYS-BAS
BELGIQUE
LUXEMBOURG
ALLEMAGNE
SUISSE
AUTRICHE
HONGR
CROAT
FRANCE
ITALIE
ESPAGNE
PORTUGAL

MAROC
TUNISIE
ALGÉRIE
LIBYE
CÔTE D'IVOIRE
GHANA
NIGERIA
ÉGYPTE
CAMEROUN
GABON
SOUDAN
ÉRYTHRÉE
ÉTHIOPIE
RÉP. DÉM. DU CONGO
KENYA
OUGANDA
RWANDA
ANGOLA
TANZANIE
ZIMBABWE
NAMIBIE
MOZAMBIQUE
BOTSWANA
AFRIQUE DU SUD
ÎLE MAURICE

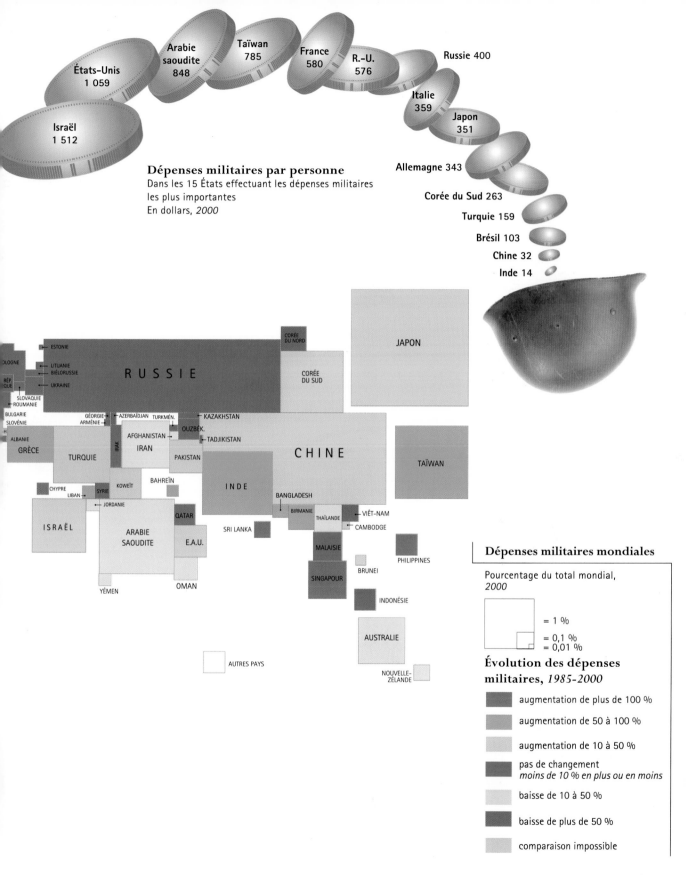

Dépenses militaires par personne
Dans les 15 États effectuant les dépenses militaires
les plus importantes
En dollars, *2000*

Israël 1 512
États-Unis 1 059
Arabie saoudite 848
Taïwan 785
France 580
R.-U. 576
Russie 400
Italie 359
Japon 351
Allemagne 343
Corée du Sud 263
Turquie 159
Brésil 103
Chine 32
Inde 14

Dépenses militaires mondiales

Pourcentage du total mondial, *2000*

☐ = 1 %
= 0,1 %
= 0,01 %

Évolution des dépenses militaires, *1985-2000*

augmentation de plus de 100 %

augmentation de 50 à 100 %

augmentation de 10 à 50 %

pas de changement
moins de 10 % en plus ou en moins

baisse de 10 à 50 %

baisse de plus de 50 %

comparaison impossible

8 | Les armes de destruction massive

Il y a beaucoup moins d'armes nucléaires aujourd'hui qu'il n'y en avait au plus fort de la guerre froide entre l'Est et l'Ouest. Leur pouvoir de destruction défie pourtant l'imagination : une arme nucléaire de taille modeste peut détruire une grande ville. De nombreux experts pensent que le plus grand risque de guerre nucléaire se trouve dans la confrontation des deux plus petites et plus récentes puissances nucléaires : l'Inde et le Pakistan, à propos du Cachemire.

Stock d'armes nucléaires
En 2001, le nombre total d'ogives nucléaires dans le monde était de 19 000 environ, soit près de 50 000 ogives de moins qu'en 1985, au plus fort de la guerre froide.

Russie
9 196

Satellites
En 2010 :
4 satellites en orbite haute à système infrarouge embarqué permettant de détecter le lancement de missiles vers les États-Unis.
24 satellites en orbite basse à système infrarouge embarqué permettant de suivre la trajectoire des missiles lancés vers les États-Unis.

Radars
En 2007 :
1 nouveau sur Shemya Island (îles Aléoutiennes), au large de l'Alaska.
5 améliorés : Alaska, Californie, Massachusetts, Fylingdales au Royaume-Uni (nécessite l'autorisation du gouvernement britannique), Thulé au Groenland (nécessite l'autorisation du gouvernement danois).
En 2010 :
9 nouveaux radars, emplacements inconnus actuellement, peut-être 1 au Japon et 1 en Corée du Sud.

Missiles à interception basés au sol
Alaska
100 en 2007
Dakota du Nord
150 de plus en 2010.

Commandement et contrôle
Cheyenne Mountain, dans le Colorado.

Défense nationale antimissiles
Les États-Unis étaient tellement attachés à leur plan de déploiement d'un système de défense antimissiles qu'ils ont désiré rompre le traité antimissile balistique de 1972. En 2002, quand la Russie a accepté la rupture de ce traité, longtemps regardé comme la pierre angulaire de l'équilibre stratégique international, les doutes et les désaccords exprimés par les principaux alliés des États-Unis se sont faits moindres, et le gouvernement américain a rapidement commencé à effectuer son déploiement. Le coût total du système est estimé à 60 milliards de dollars d'ici à 2015.

Département américain de la Défense
Importante base de tirs et de tests, atoll de Kwajalein, îles Marshall.

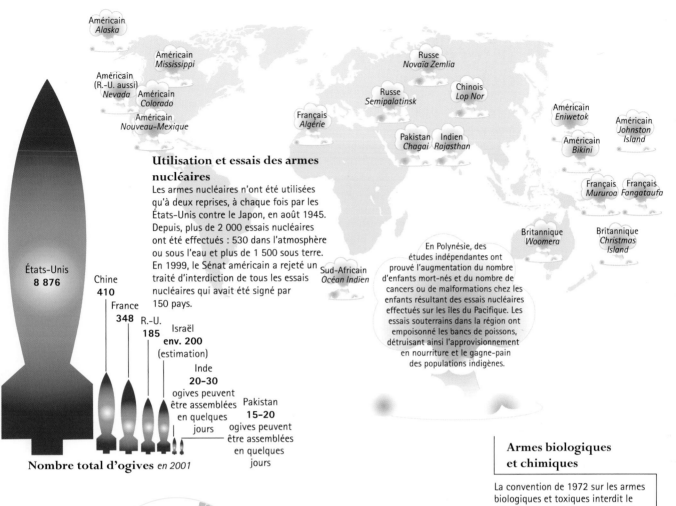

Américain *Alaska*

Américain *Mississippi*

Américain (R.-U. aussi) *Nevada*

Américain *Colorado*

Américain *Nouveau-Mexique*

Français *Algérie*

Russe *Novaïa Zemlia*

Russe *Semipalatinsk*

Chinois *Lop Nor*

Pakistan *Chagai*

Indien *Rajasthan*

Américain *Eniwetok*

Américain *Johnston Island*

Américain *Bikini*

Français *Mururoa*

Français *Fangataufa*

Britannique *Woomera*

Britannique *Christmas Island*

Sud-Africain *Océan Indien*

Utilisation et essais des armes nucléaires

Les armes nucléaires n'ont été utilisées qu'à deux reprises, à chaque fois par les États-Unis contre le Japon, en août 1945. Depuis, plus de 2 000 essais nucléaires ont été effectués : 530 dans l'atmosphère ou sous l'eau et plus de 1 500 sous terre. En 1999, le Sénat américain a rejeté un traité d'interdiction de tous les essais nucléaires qui avait été signé par 150 pays.

En Polynésie, des études indépendantes ont prouvé l'augmentation du nombre d'enfants mort-nés et du nombre de cancers ou de malformations chez les enfants résultant des essais nucléaires effectués sur les îles du Pacifique. Les essais souterrains dans la région ont empoisonné les bancs de poissons, détruisant ainsi l'approvisionnement en nourriture et le gagne-pain des populations indigènes.

États-Unis **8 876**

Chine **410**

France **348**

R.-U. **185**

Israël **env. 200** (estimation)

Inde **20-30** ogives peuvent être assemblées en quelques jours

Pakistan **15-20** ogives peuvent être assemblées en quelques jours

Nombre total d'ogives *en 2001*

Armes biologiques et chimiques

La convention de 1972 sur les armes biologiques et toxiques interdit le développement, la production et le stockage d'agents biologiques n'ayant pas de justification pacifique. En 2001, les États-Unis s'opposèrent à des propositions de renforcement du contrôle de la mise en application du traité.

La Convention de 1993 sur les armes chimiques interdit le développement, la production et le stockage de gaz chimiques militaires. Les seules utilisations prouvées de gaz chimiques depuis 1945 furent le fait de l'Égypte au Yémen dans les années 1960 et de l'Irak contre l'Iran et des villages kurdes en 1988.

États signataires des deux conventions

États n'ayant signé aucune des deux conventions

États n'ayant signé que la Convention de 1993 sur les armes chimiques

États n'ayant signé que la Convention de 1972 sur les armes biologiques et toxiques

9 Le marché international des armes

Les États-Unis dominent le marché des armes. Leurs dépenses militaires sont les plus élevées, leur industrie est la plus importante, ils sont les plus gros vendeurs, et leurs investissements massifs dans le domaine du développement technologique les assurent de conserver une large avance sur leurs concurrents.

L'âge d'or du marché des armes a duré de la fin des années 1970 jusqu'au milieu des années 1980. Durant la seconde moitié des années 1990, le marché s'est stabilisé, et aucune reprise n'a eu lieu. La vente à certains acheteurs pose de sérieuses questions, soit parce que leur attitude est particulièrement dissuasive, soit parce qu'ils sont impliqués dans des conflits armés. En conséquence, des embargos sont souvent imposés.

Les embargos sur les armes peuvent restreindre certaines options tactiques, parce que les pièces détachées ou l'équipement neuf permettant de réparer ou de remplacer les armes perdues lors des combats ne sont plus disponibles. Ils peuvent aussi gêner un État dans la préparation d'une guerre.

Mais jamais un embargo n'a permis d'arrêter une guerre une fois qu'elle a débuté. Il n'est alors que le moyen habituel des États pourvoyeurs de proclamer qu'ils ont les mains propres. Et il est presque toujours possible de contourner un embargo.

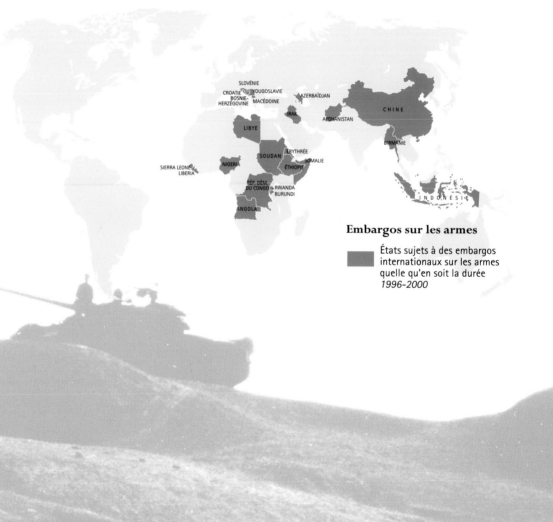

Embargos sur les armes

■ États sujets à des embargos internationaux sur les armes quelle qu'en soit la durée
1996-2000

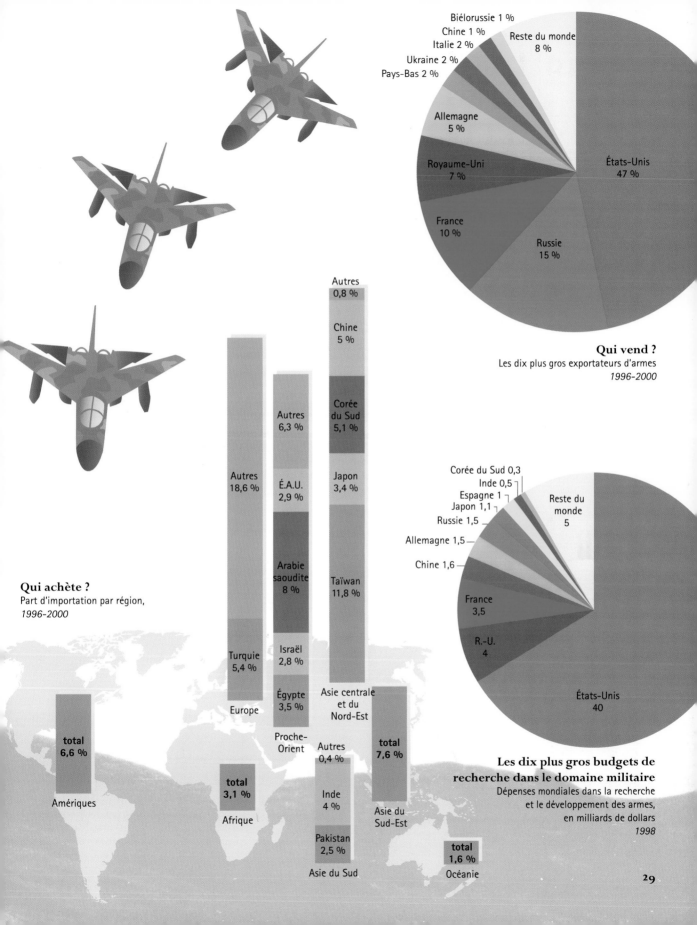

Qui vend ?
Les dix plus gros exportateurs d'armes
1996-2000

Biélorussie 1 %
Chine 1 %
Italie 2 %
Ukraine 2 %
Pays-Bas 2 %
Reste du monde 8 %
Allemagne 5 %
Royaume-Uni 7 %
France 10 %
Russie 15 %
États-Unis 47 %

Qui achète ?
Part d'importation par région,
1996-2000

Autres 0,8 %
Chine 5 %
Corée du Sud 5,1 %
Japon 3,4 %
Taïwan 11,8 %
Asie centrale et du Nord-Est
total 7,6 %

Autres 6,3 %
É.A.U. 2,9 %
Arabie saoudite 8 %
Israël 2,8 %
Égypte 3,5 %
Proche-Orient

Autres 18,6 %
Turquie 5,4 %
Europe

Autres 0,4 %
Inde 4 %
Pakistan 2,5 %
Asie du Sud

total 6,6 %
Amériques

total 3,1 %
Afrique

total 1,6 %
Océanie

Asie du Sud-Est

Les dix plus gros budgets de recherche dans le domaine militaire
Dépenses mondiales dans la recherche
et le développement des armes,
en milliards de dollars
1998

Corée du Sud 0,3
Inde 0,5
Espagne 1
Japon 1,1
Russie 1,5
Allemagne 1,5
Chine 1,6
France 3,5
R.-U. 4
États-Unis 40
Reste du monde 5

29

10 Les ventes d'armes légères

Il n'existe que peu d'informations fiables sur l'étendue du problème mondial posé par les armes légères.

Les estimations fournies par des équipes de chercheurs qui n'ont pas la réputation d'exagérer donnent les indications suivantes :
• 500 millions d'armes légères sont disponibles à travers le monde.
• Le marché mondial annuel des armes légères représente 5 milliards de dollars.
• Un cinquième du total des ventes est illégal.
• 500 000 personnes sont tuées chaque année par des armes légères, dont 200 000 dans des affaires criminelles et 300 000 dans des guerres.

La profusion des armes légères n'est pas en soi un motif de guerre, mais elle donne les moyens de faire la guerre. En 1997, le chaos régnant en Albanie entraîna la mise sur le marché de milliers d'armes issues des forces armées du pays, dont une bonne partie parvint aux combattants voisins au Kosovo. En 1991, l'effondrement de l'Union soviétique provoqua la propagation d'un nombre massif d'armes de toutes catégories dans une zone allant de l'ouest de la mer Caspienne jusqu'à l'Asie centrale.

Les problèmes posés par les armes légères sont souvent beaucoup plus importants immédiatement après la fin d'une guerre que pendant son déroulement. Le retour à la paix entraîne un surplus d'armes. Ces armes sont alors vendues bon marché (une kalachnikov en bon état peut être vendue pour 25 à 30 dollars ou l'équivalent en nourriture) puis encore revendues, dans des pays en guerre ou à des criminels. Les armes venant du Mozambique, où la paix fut signée en 1992, furent utilisées par la pègre sud-africaine ou lors des guerres en Amérique centrale.

Les programmes de rachats d'armes auprès des combattants sont souvent contre-productifs. Le problème vient parfois de la corruption des responsables chargés de veiller sur ces armes rachetées : ils rachètent et revendent ensuite à bas prix. D'autres fois, la hausse des prix du marché attire les armes en provenance des pays voisins ; il est alors difficile d'apprécier l'efficacité de ces programmes de rachats.

Tant que des armes légères continueront à être produites en de telles quantités, et tant que les principaux pays producteurs effectueront des contrôles laxistes, le problème persistera.

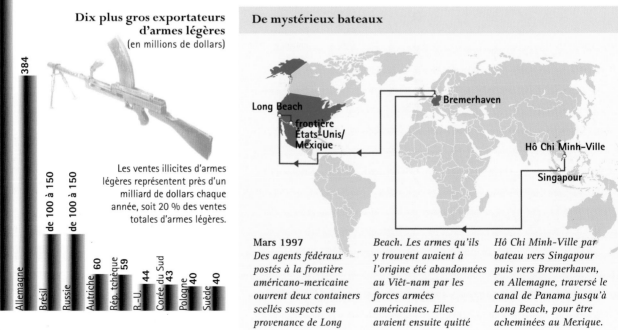

Dix plus gros exportateurs d'armes légères
(en millions de dollars)

plus de 1 200 — États-Unis
384 — Allemagne
de 100 à 150 — Brésil
de 100 à 150 — Russie
60 — Autriche
59 — Rép. tchèque
44 — R.-U.
43 — Corée du Sud
40 — Pologne
40 — Suède

Les ventes illicites d'armes légères représentent près d'un milliard de dollars chaque année, soit 20 % des ventes totales d'armes légères.

De mystérieux bateaux

Long Beach — frontière États-Unis/Mexique — Bremerhaven — Hô Chi Minh-Ville — Singapour

Mars 1997
Des agents fédéraux postés à la frontière américano-mexicaine ouvrent deux containers scellés suspects en provenance de Long Beach. Les armes qu'ils y trouvent avaient à l'origine été abandonnées au Viêt-nam par les forces armées américaines. Elles avaient ensuite quitté Hô Chi Minh-Ville par bateau vers Singapour puis vers Bremerhaven, en Allemagne, traversé le canal de Panama jusqu'à Long Beach, pour être acheminées au Mexique.

Les armes légères ne représentent que 10 % des ventes légales d'armes mais sont la cause de 90 % des victimes des conflits armés.

Mai 1994
Un appareil vide décolle d'Ostende en Belgique vers Tirana en Albanie où les armes sont embarquées. L'avion fait escale au Caire pour se ravitailler en carburant avant de poursuivre sa route vers Goma, dans l'ex-Zaïre.

Le transport

Un avion cargo enregistré en Afrique mais basé et géré depuis le Royaume-Uni. En tout, sept cargaisons d'armes légères sont transportées par air depuis Tirana et Tel-Aviv au printemps 1994.

Les intermédiaires
Une compagnie installée au Royaume-Uni. Le marché est conclu par l'intermédiaire d'une autre compagnie, installée sur l'île de Man. Un agent maritime israélien est également impliqué dans le marché.

Le paiement
Une compagnie installée au Royaume-Uni passa par une banque britannique pour recevoir les paiements. Les responsables rwandais procèdent aux versements initialement depuis le Rwanda, puis depuis l'Égypte et enfin depuis Paris.

Le paiement
Les armes sont achetées en deux versements séparés pour le compte des Seychelles au sein d'une banque de New York. L'argent provient d'une banque en Suisse. L'argent du compte en Suisse provient d'une banque en France, agissant elle-même pour le compte d'une banque rwandaise.

Les Seychelles, 1993
Un bateau chargé d'armes légères serbes, en route vers la Somalie, est inspecté et retenu par les autorités des Seychelles.

Juin 1994
Deux avions d'Air Zaïre transportent les armes depuis les Seychelles jusqu'à l'aéroport de Goma (dans l'ex-Zaïre). Les armes sont ensuite transférées vers Gisenyi, juste au-delà de la frontière avec le Rwanda.

Les armes
Des grenades antichar et à fragmentation ainsi que des munitions de gros calibre.

Les intermédiaires

Un ancien haut responsable du régime de l'apartheid en Afrique du Sud.

Un haut responsable du ministère rwandais de la Défense.

Londres · BELGIQUE · FRANCE · SUISSE · YOUGOSLAVIE · ALBANIE · New York · ISRAËL · ÉGYPTE · ZAÏRE *actuelle Rép. dém. du Congo* · RWANDA · SEYCHELLES

Négociations d'armes pour un génocide

→ itinéraire des armes vers le Rwanda en 1994

→ itinéraire du paiement de ces armes

→ autres itinéraires suivis par les armes destinées aux forces armées des exilés rwandais et aux milices hutu

→ itinéraire du paiement de ces armes

11 | Le terrorisme

Le terrorisme est la tactique habituelle des forces plus faibles que leurs ennemis. Les armes du terrorisme sont l'assassinat de dirigeants politiques et les attentats aveugles, habituellement à la bombe, contre des civils.

Parce qu'il frappe dans l'ombre et touche des

ÉTATS-UNIS

**New York et Washington :
6 août 2001**
Selon des informations de la presse, le président Bush aurait reçu des rapports des services de renseignements indiquant que le groupe terroriste al Qaida programmait le détournement d'avions, vraisemblablement pour les utiliser contre les États-Unis.
11 septembre
Le World Trade Center et le Pentagone sont frappés par des avions détournés : 3 300 morts.

PANAMA

COLOMBIE

PÉROU

ARGENTINE

ROYAUME-UNI
IRLANDE
FRANCE
AUTRICHE
ITALIE CR
ESPAGNE

ALGÉRIE

GUINÉE
SIERRA LEONE
LIBERIA

citoyens ordinaires ou des dirigeants politiques, le terrorisme fait peur et est considéré comme moralement répréhensible. Il est pourtant difficile de discerner ce qui est le plus moralement répréhensible et effrayant, de la bombe placée sous une voiture ou dans un bus, ou du missile tombant du ciel. La guerre est abominable quand elle frappe, quelle que soit la façon dont elle frappe.

Historiquement, les rebelles ne sont pas les seuls à avoir utilisé le terrorisme. Le terme fut inventé pour désigner un mode de gouvernement régnant par la terreur, et, durant les deux derniers siècles, le terrorisme d'État a été aussi courant que le terrorisme antiétatique. Même aujourd'hui, alors que l'utilisation de ce terme est presque exclusivement réservée aux insurgés, la tactique terroriste de l'assassinat est autant utilisée par les gouvernements que contre eux.

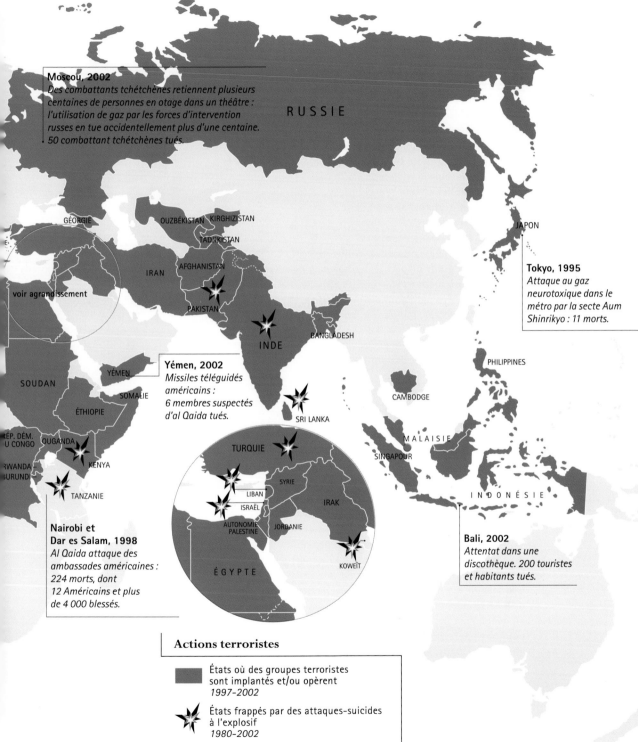

Moscou, 2002
Des combattants tchétchènes retiennent plusieurs centaines de personnes en otage dans un théâtre : l'utilisation de gaz par les forces d'intervention russes en tue accidentellement plus d'une centaine. 50 combattant tchétchènes tués.

RUSSIE

GÉORGIE OUZBÉKISTAN KIRGHIZISTAN
TADJIKISTAN
IRAN AFGHANISTAN
voir agrandissement
PAKISTAN BANGLADESH
INDE

JAPON

Tokyo, 1995
Attaque au gaz neurotoxique dans le métro par la secte Aum Shinrikyo : 11 morts.

PHILIPPINES

Yémen, 2002
Missiles téléguidés américains : 6 membres suspectés d'al Qaida tués.

YÉMEN
SOUDAN
SOMALIE
ÉTHIOPIE

CAMBODGE

SRI LANKA

RÉP. DÉM.
U CONGO OUGANDA
RWANDA KENYA
BURUNDI

MALAISIE
SINGAPOUR

TURQUIE
SYRIE
LIBAN
IRAK
ISRAËL
AUTONOMIE
PALESTINE JORDANIE
ÉGYPTE KOWEÏT

INDONÉSIE

TANZANIE

**Nairobi et
Dar es Salam, 1998**
Al Qaida attaque des ambassades américaines : 224 morts, dont 12 Américains et plus de 4 000 blessés.

Bali, 2002
Attentat dans une discothèque. 200 touristes et habitants tués.

Actions terroristes

États où des groupes terroristes sont implantés et/ou opèrent
1997-2002

États frappés par des attaques-suicides à l'explosif
1980-2002

12 | La puissance américaine

La mobilisation des forces de défense américaines et les mesures de sécurité prises après les attentats du 11 septembre 2001 ont entraîné une hausse des dépenses militaires ainsi qu'un redéploiement des forces américaines dans le monde. Les forces américaines sont retournées au Philippines, leurs effectifs dans la région du Golfe ont augmenté et elles se sont pour la première fois déployées en Afghanistan et en Asie centrale. Les dépenses militaires ont augmenté de 12 % en un an, ce qui, additionné aux augmentations déjà consenties, donne une hausse de 30 % par rapport au budget de 1998.

Intervenue en même temps que les réductions d'impôts décidées par l'administration Bush, la hausse des dépenses militaires a fait passer le budget de l'excédent en 2000 au déficit en 2002, rappelant ainsi les hausses spectaculaires des dépenses militaires des années 1960, lors de la guerre du Viêt-nam, et lors du regain de la guerre froide dans les années 1980.

Les attentats du 11 septembre ont eu un impact négatif sur l'économie et ont coïncidé avec une récession rampante, terme inévitable de l'essor économique des années 1990. Parmi les conséquences, on peut noter l'augmentation de l'indice de pauvreté aux États-Unis. Bien que la hausse ait été faible, c'était la première fois que cet indice augmentait depuis dix ans.

Un an après la destruction du World Trade Center, le gouvernement américain a énoncé sa nouvelle doctrine d'« action préventive » contre les menaces à sa sécurité. Renonçant à la politique de dissuasion qui avait été celle des différentes administrations américaines depuis cinquante ans, les États-Unis ont donc opté pour une approche nouvelle mais qui présente autant de défauts. La théorie de la dissuasion présente des failles puisqu'elle repose sur le rationalisme des adversaires (alors qu'il peut leur faire défaut) et la théorie des attaques préventives n'en présente pas moins, puisqu'elle s'appuie sur les informations vagues et les estimations hasardeuses issues des agences de renseignements.

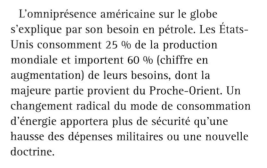

L'omniprésence américaine sur le globe s'explique par son besoin en pétrole. Les États-Unis consomment 25 % de la production mondiale et importent 60 % (chiffre en augmentation) de leurs besoins, dont la majeure partie provient du Proche-Orient. Un changement radical du mode de consommation d'énergie apportera plus de sécurité qu'une hausse des dépenses militaires ou une nouvelle doctrine.

ISLANDE
NORVÈGE
SUÈDE
FINLANDE
ESTONIE
LETTONIE
LITHUANIE
ROYAUME-UNIS
IRLANDE
DANEMARK
ALLEMAGNE
P. B.
BELGIQUE
LUX
POLOGNE
BIÉLORUSSIE
RÉP. TCHÈQUE
SLOVAQUIE
UKRAINE
FRANCE
SUISSE
AUTRICHE
SLOVÉNIE
HONGRIE
MOLDAVIE
ITALIE
CROATIE
ALB.
MACÉDOINE
GRÈCE
ROUMANIE
BULGARIE
ESPAGNE
BOSNIE-HERZÉGOVINE
YOUGOSLAVIE
TURQUIE
GÉORGIE
AZERBAÏDJAN
ARMÉNIE
SYRIE
PORTUGAL
ISRAËL
AUTONOMIE PALESTINE
IRAK
IRAN
AFGHANISTAN
PAKISTAN

RUSSIE
KAZAKHSTAN
OUZBÉKISTAN
KIRGHIZISTAN
TURKMÉNISTAN
TADJIKISTAN
CHINE
CORÉE DU NORD
CORÉE DU SUD
JAPON
TAÏWAN

SAHARA OCCIDENTAL
LIBYE
ÉGYPTE
SOUDAN
LIBERIA
NIGERIA
KOWEÏT
BAHREÏN
QATAR
É.A.U.
ARABIE SAOUDITE
OMAN
YÉMEN
ZIMBABWE

THAÏLANDE
PHILIPPINES
SINGAPOUR
DIEGO GARCIA (R.-U.)
TIMOR-ORIENTAL

AUSTRALIE
NOUVELLE-ZÉLANDE

Forces américaines impliquées dans les opérations de maintien de la paix *2001*

Alliés des États-Unis, *2002*

États membres de l'OTAN et autres alliés essentiels

membres d'une alliance politique ou de sécurité avec les États-Unis

autres alliés majeurs des États-Unis dans leur campagne contre le terrorisme *en 2000-2001*

États inamicaux

États désignés par le président des États-Unis en janvier 2002 comme membres de l'« Axe du Mal »

autres pays

Forces américaines *2001*

présence militaire américaine

 personnel militaire américain supérieur à 10 000 hommes

 personnel militaire américain compris entre 1 000 et 10 000 hommes

 personnel militaire américain allant jusqu'à 1 000 hommes

 personnel militaire américain compris entre 1 000 et 10 000 hommes

personnel militaire américain allant jusqu'à 1 000 hommes

principaux quartiers généraux des forces américaines sur le territoire américain

CHAPITRE TROIS

La guerre et les peuples

« LA GUERRE, C'EST L'ENFER », disait le général américain William Sherman, qui ordonna l'incendie d'Atlanta lors de la guerre de Sécession. Mais la majorité des gens sont capables de reconnaître une atrocité quand ils la voient ou en lisent le récit : un acte de guerre encore plus abominable qu'à l'accoutumée.

Car même dans l'enfer de la guerre, il y a les lois de la guerre. Elles déterminent s'il est juste de faire la guerre, et quels sont les termes acceptables du combat. Elles ont pour objectif de limiter les souffrances des gens et les dommages infligés aux habitations pendant la guerre. Les lois humanitaires internationales ont pour objectif, avec la Déclaration universelle des droits de l'homme, de restreindre le pouvoir des États et de maintenir les droits de l'individu. Mais les lois humanitaires ne s'appliquent qu'en temps de guerre et uniquement à propos de l'utilisation de la force. C'est la Charte des Nations unies qui détermine quand et comment un pays a le droit de recourir à la force.

Conformément à la Charte de l'ONU, les États peuvent user de la force pour se défendre, pour des questions de sécurité intérieure ou dans le cadre d'actions autorisées par le Conseil de sécurité de l'ONU ayant pour but de restaurer la paix et la sécurité après le déclenchement d'une guerre.

Conformément aux lois, en cas de guerre, ceux qui ne prennent pas part aux combats doivent être protégés. Cela comprend les civils, le personnel médical et les combattants hors d'état de porter les armes : les malades, les blessés, les naufragés et les prisonniers de guerre.

Les lois humanitaires régissent également l'utilisation de certaines armes (celles qui causent des souffrances inutiles, celles qui frappent sans distinction) et bannissent certaines pratiques militaires :

• Il est interdit d'exécuter, d'affamer ou de torturer les prisonniers.

• Il est interdit d'entraver ou de retarder l'action du personnel médical : les ambulances doivent par exemple pouvoir circuler en sécurité.

• Les militaires ne peuvent ouvrir le feu sur des civils désarmés avec des munitions de guerre ni bombarder les endroits où ils se cachent.

• Il est interdit d'utiliser des civils comme boucliers humains face aux attaques ennemies.

• Il est interdit d'utiliser des armes ou des tactiques causant des souffrances excessives ou des pertes inutiles en vies humaines.

• Le viol en temps de guerre (ou l'organisation de viols systématiques) est un crime de guerre.

• Le pillage et la destruction gratuite d'habitations sont également bannis.

Parmi les règles que les lois humanitaires édictent :

• Les civils doivent avoir des possibilités raisonnables de quitter les endroits où les

---

Signataires pour l'établissement de la Cour pénale internationale

Accord de 1998 instituant la CPI. *Situation en mai 2002*

 ratifiée

signée mais non ratifiée

ni signée ni ratifiée

combats ont lieu.

• Une aide médicale appropriée doit être délivrée aux malades et aux blessés.

• Les prisonniers de guerre doivent recevoir un abri, de la nourriture ainsi que des soins médicaux, et ils doivent être traités avec dignité.

• Tous les efforts doivent être faits pour épargner la vie des civils et pour les protéger des conséquences de la guerre.

• Les États doivent enseigner à leurs forces armées et à leurs citoyens en général les lois humanitaires et rendre toutes les informations les concernant accessibles au public.

• Les États doivent faire respecter les lois humanitaires – qu'elles soient transgressées par leur propre personnel militaire, le personnel d'autres États ou les dirigeants politiques.

Ces règles sont constamment violées et ignorées.

Le Conseil de sécurité de l'ONU a établi deux tribunaux pénaux internationaux en 1990 : l'un (TPIY) pour traiter des crimes de guerre commis sur le territoire de l'ex-Yougoslavie depuis 1991, et l'autre (TPIR) pour traiter du génocide et des autres crimes graves perpétrés au Rwanda (ou dans les pays voisins du Rwanda) en 1994. Ces deux tribunaux travaillent lentement et font face à de nombreux obstacles. Le plus gros problème affronté par le TPIY est l'arrestation des suspects. Pour le TPIR, c'est plutôt le trop grand nombre de suspects : plus de 100 000.

En juillet 1998, à Rome, a été décidée la création de la Cour pénale internationale permanente, afin de juger les crimes de génocide, les crimes de guerre et les crimes contre l'humanité. Quatre ans plus tard, un nombre suffisant d'États a ratifié le statut de Rome pour que cette nouvelle Cour commence ses travaux à La Haye. Les États-Unis, la Russie et la Chine font partie de ceux qui n'ont pas ratifié cet accord.

13 | Le coût en vies humaines

Parmi tous les faits connus aujourd'hui sur la guerre, il en est un que nous ne connaissons pas : le nombre de tués.

Une estimation raisonnable du nombre de personnes tuées durant la période 1997-2002 est de 3 millions environ. Ce chiffre des victimes de guerre est inférieur de près de 2 millions et demi à celui des guerres de la période 1991-1995.

Il est généralement admis qu'approximativement 75 % de ceux qui sont tués durant les guerres aujourd'hui sont des civils. Ce chiffre est le résultat de conjectures et d'estimations, car, si les forces armées et les guérillas connaissent généralement le nombre de leurs tués dans un conflit, on ne trouve dans presque aucune guerre d'organisme ou d'organisation dont le travail est de dénombrer les victimes civiles.

Il n'existe aucun chiffre fiable du nombre de personnes blessées lors d'une guerre. Il n'existe aucun chiffre du nombre de personnes souffrant de traumatismes psychologiques graves. Il n'existe aucun chiffre mesurant l'ampleur du chagrin causé par la perte des êtres aimés.

ÉTATS-UNIS

MEXIQUE

COLOMBIE

PÉROU

Les guerres les plus meurtrières
Nombre de morts depuis 1945

Corée 3 millions *1950-1953*

République démocratique du Congo 2,5 millions *1996-*

Nigeria 2 millions *1967-1970*

Cambodge 2 millions *1975-1998*

Viêt-nam 2 millions *1965-1976*

Soudan 2 millions *1955-*

Afghanistan 2 millions *1979-*

Éthiopie 1,5 million *1962-1991*

Rwanda 1,3 million *1959-*

Chine 1 million *1946-1950*

Mozambique 1 million *1976-1992*

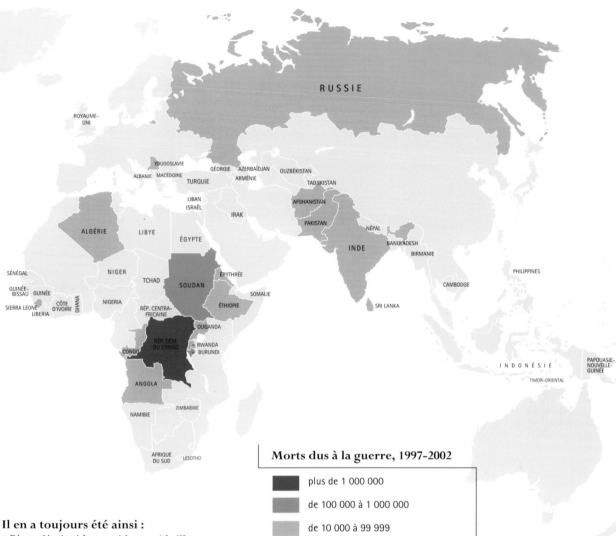

Morts dus à la guerre, 1997-2002

- plus de 1 000 000
- de 100 000 à 1 000 000
- de 10 000 à 99 999
- moins de 10 000
- autres pays

La carte indique le nombre de victimes dues aux guerres pour les seules années 1997-2002. Certaines de ces guerres avaient débuté des années auparavant. La carte ne montre pas le nombre total de morts dus à ces guerres.

Il en a toujours été ainsi :

« Rien n'était si beau, si leste, si brillant, si bien ordonné que les deux armées. Les trompettes, les fifres, les hautbois, les tambours, les canons formaient une harmonie telle qu'il n'y en eut jamais en enfer. Les canons renversèrent d'abord à peu près six mille hommes de chaque côté ; ensuite la mousqueterie ôta du meilleur des mondes environ neuf à dix mille coquins qui en infectaient la surface. La baïonnette fut aussi la raison suffisante de la mort de quelques milliers d'hommes. Le tout pouvait bien se monter à une trentaine de mille âmes. [...]

Enfin, tandis que les deux rois faisaient chanter des *Te Deum*, chacun dans son camp... »
Voltaire, *Candide,* 1758

14 | Les atrocités

Irlande du Nord, 1972

Les troupes britanniques ouvrirent le feu et tuèrent 14 défenseurs des droits civiques qui manifestaient pacifiquement. En 1972, une enquête officielle exonéra les soldats, indiquant qu'ils avaient été la cible de tirs. De nombreux témoignages contredisent cette thèse. Une nouvelle enquête a été ouverte en 1998.

New York et Pentagone, États-Unis, 2001

Plus de 3 000 civils de 80 nationalités furent tués quand des avions de ligne percutèrent délibérément les deux tours du World Trade Center à New York et le quartier général du département de la Défense américain en Virginie.

Bosnie-Herzégovine, 1992–1995

Les forces serbes utilisèrent le massacre, la terreur et les viols systématiques pour effectuer le « nettoyage ethnique » de larges zones de la république multiethnique. Plus tard, des forces bosniaques et des Bosniaques de Croatie perpétrèrent également des atrocités. En juin 1995, des Serbes de Bosnie tuèrent plus de 7 000 Bosniaques de sexe masculin dans la petite ville de Srebrenica.

Colombie, 2002

Reportage du service international de la BBC : « Partant du principe que privé d'eau le poisson meurt, les paramilitaires ont provoqué des déplacements massifs de population par le biais d'une politique de massacre et de terreur... Les escadrons de la mort arrivent dans des communautés se trouvant dans des zones tenues par la guérilla avec une liste à la main. La liste contient les noms des suspectés de sympathies pour la guérilla. Ceux qui figurent sur la liste sont tués, habituellement sous les yeux de leur famille et de la façon la plus effroyable » (7 janvier 2002).
« Les rebelles d'extrême gauche ont admis avoir lancé dans une église un obus de mortier de fabrication artisanale qui a tué au moins 117 civils »

Mexique, 1997

Dans l'État du Chiapas, des paramilitaires d'extrême droite qui semblaient avoir le soutien implicite de l'armée exécutèrent 7 hommes, 20 femmes et 18 enfants, tous membres de la population indigène des Tzotzils.

Guatemala, 1982

Au Guatemala, lors d'un des nombreux massacres de civils qui se produisirent pendant une guerre longue de trente-six ans, des soldats de l'armée et des paramilitaires attaquèrent la communauté de Rio Negro, tuant 107 enfants et 70 femmes. C'était le troisième des cinq massacres perpétrés sur cette communauté, bien connue pour son opposition à la construction du barrage de Chixoy, financé par des fonds internationaux. Après le cinquième massacre, les terres des villageois furent inondées.

Pérou, 1980–1999

Sur un total dépassant les 30 000 victimes de guerre, plus de 80 % étaient des civils. Le gouvernement et les forces rebelles furent respectivement responsables d'un peu plus de la moitié et d'un peu moins de la moitié des cas connus de tortures, disparitions, exécutions et assassinats.

Sierra Leone, 1992–2002

Pour terroriser les civils, le Front révolutionnaire unifié ainsi que d'autres groupes armés de la Sierra Leone ont violé des femmes et amputé de leurs membres des hommes, des femmes et des enfants. Ils ont réduit les civils en esclavage et ont enrôlé des enfants comme soldats.

Algérie, 1997

Le gouvernement et les insurgés s'accusèrent mutuellement d'avoir tué, éventré et brûlé plus de 300 personnes (en majorité des femmes enceintes, des nourrissons et des vieillards), puis d'avoir violé et assassiné 40 femmes lors d'une seule opération de quatre heures dans la banlieue d'Alger.

Certains actes heurtent la conscience des gens ordinaires et mettent à mal l'idée reçue qu'en temps de guerre tout est permis. Ces actes sont habituellement désignés comme des atrocités. Ils franchissent les limites de la guerre considérées comme acceptables. Ils sont appelés atrocités en raison de l'échelle des souffrances qu'ils causent ou du fait de la cruauté planifiée et méticuleuse qui les caractérise et parfois simplement parce qu'ils sont inattendus. La carte nous montre les atrocités qui ont heurté l'opinion publique internationale lors des trois dernières décennies, et quelques-unes qui auraient dû la heurter.

Hama, Syrie, 1982

Pour mettre fin à une rébellion armée, les forces syriennes assiégèrent la ville de Hama, en détruisant un tiers et tuant de 30 000 à 40 000 civils, soit environ 10 % de la population de la ville.

Tchétchénie, Russie, 1994-1996 et depuis 1999

Lors des deux guerres en Tchétchénie, les forces russes ont arrêté beaucoup de Tchétchènes suspectés d'activité terroriste : bon nombre n'ont jamais réapparu. En 1999-2000, il y eut plus de 120 cas attestés d'exécutions sommaires. Les bombardements et les tirs d'artillerie ont détruit la majeure partie de la capitale, Groznyï. Le pillage des villages par les soldats russes est courant. Plusieurs milliers de civils ont été tués.

Nord de la Birmanie, 1991-1992

La dictature militaire birmane utilisa le travail forcé, la famine, le viol systématique et les persécutions religieuses pour pousser plus de 250 000 Rohingyas à chercher refuge de l'autre côté de la frontière, au Bangladesh, qui s'arrangea pour les renvoyer immédiatement en Birmanie.

Halabja, Irak, 1988

Les forces irakiennes utilisèrent du gaz moutarde et du gaz neurotoxique pour attaquer le village kurde de Halabja, tuant au moins 5 000 personnes. Les forces irakiennes utilisèrent également les armes chimiques lors de la guerre contre l'Iran et contre d'autres villages kurdes à la fin des années 1980.

Cambodge, 1975-1979

1,6 million de personnes, soit près de 20 % de la population, furent tuées ou moururent de faim lors des quatre années où les Khmers rouges tentèrent de reconstruire le Cambodge comme une société sans villes, sans traditions, sans familles et sans idées ni pensées ou sentiments, à l'exception de ceux autorisés par les Khmers rouges eux-mêmes.

Israël

1953, Qibya : En représailles à l'assassinat d'une femme israélienne et de ses deux enfants, les commandos israéliens de l'unité 101 attaquèrent le village de Qibya. Ils firent sauter 45 maisons et tuèrent 69 civils, dont 46 étaient des femmes et des enfants. L'officier commandant l'unité 101 s'appelait Ariel Sharon.
1982, Beyrouth : Les commandants de l'armée israélienne reçurent l'ordre de laisser passer les milices phalangistes libanaises dans les camps de réfugiés de Sabra et Chatila pour en expulser des combattants palestiniens supposés s'y cacher. Les estimations du nombre de civils tués vont de 800 à 2 000. L'ordre de laisser passer les milices fut donné par le ministre israélien de la Défense, Ariel Sharon.
2002 : Alors qu'Israël traquait les organisateurs des attentats-suicides palestiniens, le Premier ministre Ariel Sharon qualifia de « grand succès » le tir d'un missile sur un immeuble de Gaza qui tua un chef palestinien, cinq autres adultes et dix enfants.

Rwanda, avril-juin 1994

Les extrémistes du gouvernement hutu organisèrent le massacre de la minorité tutsi et de l'opposition hutu. Les préparatifs furent plus méticuleux et plus vastes que lors des massacres précédents de Tutsi (1962, 1963, 1967, 1990). Sur une période de six semaines, des unités de l'armée spécialement entraînées et les milices tuèrent 800 000 personnes. Les armes à feu, les haches, les machettes, l'immolation par le feu ou l'enterrement vivant furent les instruments les plus courants pour donner la mort. Quasiment toutes les femmes tutsi âgées de plus de 12 ans et ayant survécu furent violées. Les rebelles tutsi du Front patriotique rwandais prirent le pouvoir et mirent fin aux massacres tandis que ses auteurs rejoignaient les milliers de réfugiés hutu dans des camps dans l'ex-Zaïre.

Aceh, Indonésie, 1989-1998

Des centaines de corps de civils ont été découverts dans des charniers depuis 1998. Les estimations du nombre de personnes disparues vont jusqu'à 39 000. La pire période de massacres fut 1989-1992. Il n'y a aucun chiffre définitif du nombre total de personnes tuées par les militaires indonésiens.

Timor-Oriental, 1975 et 1999

L'Indonésie envahit l'ancienne colonie portugaise en 1975, s'en assurant le contrôle par la terreur et le massacre de près de 80 000 civils. En 1999, juste avant l'indépendance, des milices entraînées en Indonésie tuèrent plus de 2 000 civils et forcèrent plus des deux tiers de la population à quitter leurs maisons.

À la fin du XXᵉ siècle, près de 40 millions de personnes avaient quitté leur foyer par crainte des guerres ou des persécutions. Parmi eux, seuls un peu plus de 14 millions avaient fui à l'étranger, répondant ainsi à la définition internationale de « réfugiés ». Au moins 6 millions de personnes vivent entre deux mondes, n'étant pas légalement reconnus comme réfugiés et craignant de retourner chez eux. Près de 20 millions ont trouvé refuge au sein de leur propre pays : s'ils n'ont sans doute pas moins souffert que les autres, ils ont plus de chances de regagner rapidement leur foyer.

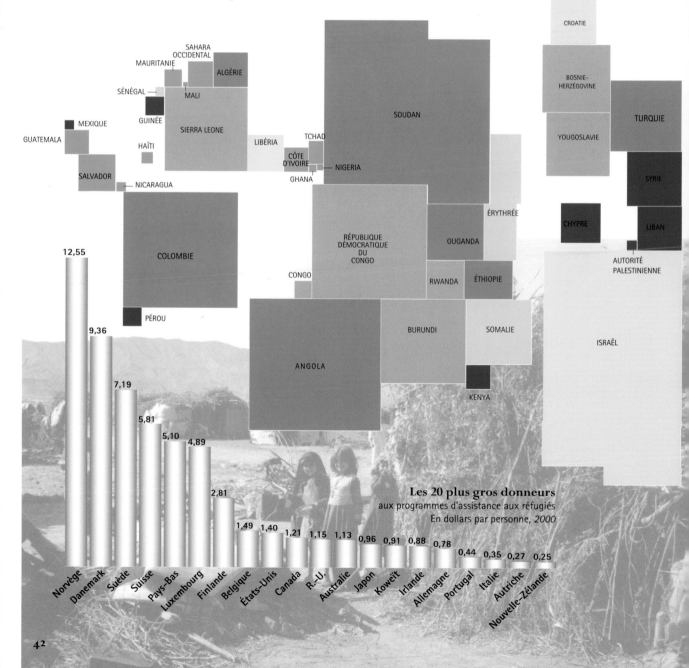

Les 20 plus gros donneurs
aux programmes d'assistance aux réfugiés
En dollars par personne, *2000*

Norvège	12,55
Danemark	9,36
Suède	7,19
Suisse	5,81
Pays-Bas	5,10
Luxembourg	4,89
Finlande	2,81
Belgique	1,49
États-Unis	1,40
Canada	1,21
R.-U.	1,15
Australie	1,13
Japon	0,96
Koweït	0,91
Irlande	0,88
Allemagne	0,78
Portugal	0,44
Italie	0,35
Autriche	0,27
Nouvelle-Zélande	0,25

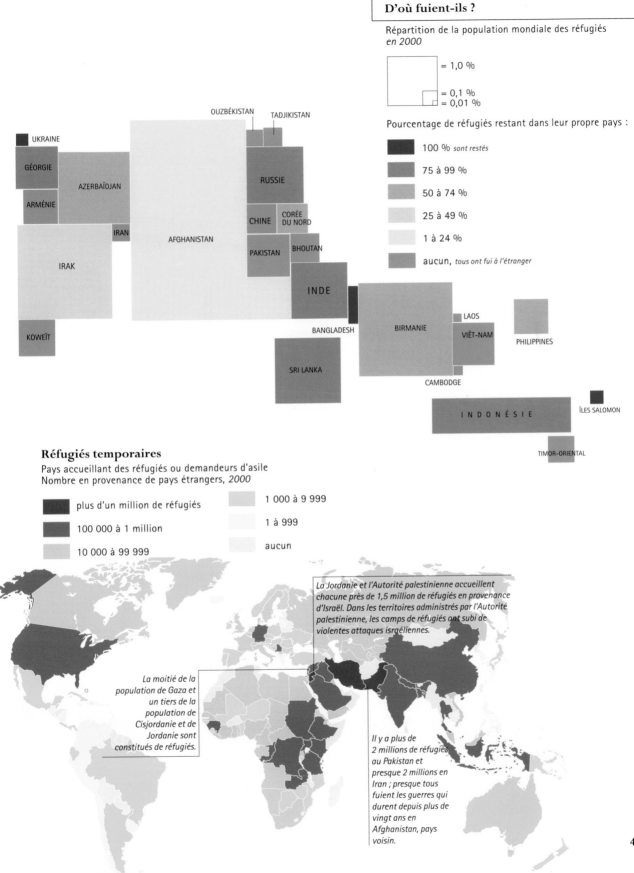

D'où fuient-ils ?

Répartition de la population mondiale des réfugiés *en 2000*

= 1,0 %
= 0,1 %
= 0,01 %

Pourcentage de réfugiés restant dans leur propre pays :

100 % *sont restés*

75 à 99 %

50 à 74 %

25 à 49 %

1 à 24 %

aucun, *tous ont fui à l'étranger*

UKRAINE
GÉORGIE
AZERBAÏDJAN
ARMÉNIE
IRAN
IRAK
KOWEÏT
OUZBÉKISTAN
TADJIKISTAN
RUSSIE
CHINE
CORÉE DU NORD
AFGHANISTAN
PAKISTAN
BHOUTAN
INDE
BANGLADESH
BIRMANIE
LAOS
VIÊT-NAM
PHILIPPINES
SRI LANKA
CAMBODGE
INDONÉSIE
ÎLES SALOMON
TIMOR-ORIENTAL

Réfugiés temporaires

Pays accueillant des réfugiés ou demandeurs d'asile
Nombre en provenance de pays étrangers, *2000*

plus d'un million de réfugiés

100 000 à 1 million

10 000 à 99 999

1 000 à 9 999

1 à 999

aucun

La Jordanie et l'Autorité palestinienne accueillent chacune près de 1,5 million de réfugiés en provenance d'Israël. Dans les territoires administrés par l'Autorité palestinienne, les camps de réfugiés ont subi de violentes attaques israéliennes.

La moitié de la population de Gaza et un tiers de la population de Cisjordanie et de Jordanie sont constitués de réfugiés.

Il y a plus de 2 millions de réfugiés au Pakistan et presque 2 millions en Iran ; presque tous fuient les guerres qui durent depuis plus de vingt ans en Afghanistan, pays voisin.

43

Les mines antipersonnel

Chaque année, près de 20 000 personnes sont victimes des mines terrestres et des bombes et obus n'ayant pas explosé.

Depuis la signature en 1997 du traité d'interdiction des mines, la production de mines antipersonnel a chuté de manière spectaculaire (41 États ont cessé d'en produire) et le nombre de programmes de déminage a augmenté. Les États ont rejoint ce traité à une vitesse jamais égalée, mais parmi les non-signataires se trouvent trois membres du Conseil de sécurité de l'ONU. Les non-signataires détiennent à eux seuls 90 % du stock mondial de mines terrestres antipersonnel.

ESTONIE
DANEMARK
LETTONIE
LITUANIE
P.-B.
BIÉLORUSSIE
BELGIQUE
ALLEMAGNE
POLOGNE
UKRAINE
RÉP. TCHÈQUE
HONGRIE
MOLDAVIE
CROATIE
YOUGOSLAVIE
MACÉDOINE
BOSNIE-HERZÉGOVINE
GRÈCE
TUNISIE
ALBANIE
ALGÉRIE

MEXIQUE
CUBA
GUATEMALA
HONDURAS
SALVADOR
NICARAGUA
PANAMA
COSTA RICA
COLOMBIE
ÉQUATEUR
PÉROU
BOLIVIE
CHILI
ÎLES MALOUINES (R.-U.)

MAROC
SAHARA OCCIDENTAL
ALGÉRIE
LIB
SÉNÉGAL
MAURITANIE
NIGER
GUINÉE-BISSAU
GUINÉE
TCHAD
SIERRA LEONE
LIBERIA
CON
ANGOLA
NAMIBIE

Territoires et pays touchés par les mines

Mines terrestres et munitions non explosées (MNE) *2000-2001*

- accidents causés par des mines terrestres et des MNE
- mines terrestres et MNE présentes mais pas d'accidents rapportés
- autres pays

 programme humanitaire de déminage 1998-2001

 autres programmes de déminage 1998-2001

Utilisation de mines terrestres antipersonnel *2001-2002*

 à la fois par les forces gouvernementales et rebelles

 par les forces gouvernementales

par les forces rebelles

Stock de mines terrestres antipersonnel

Total mondial, *en 2001*, 230-245 millions

8-9 millions détenus par des États ayant ratifié le traité d'interdiction des mines

8-9 millions détenus par des États ayant signé mais pas ratifié le traité d'interdiction des mines

220 millions détenus par des États n'ayant pas signé le traité d'interdiction des mines
En millions : **Chine** : 110 ; **Russie** : 60 à 70 ; **États-Unis** : 11 ; **Pakistan** : 6 ; **Inde** 4 à 5 ; **Biélorussie** : 4,5

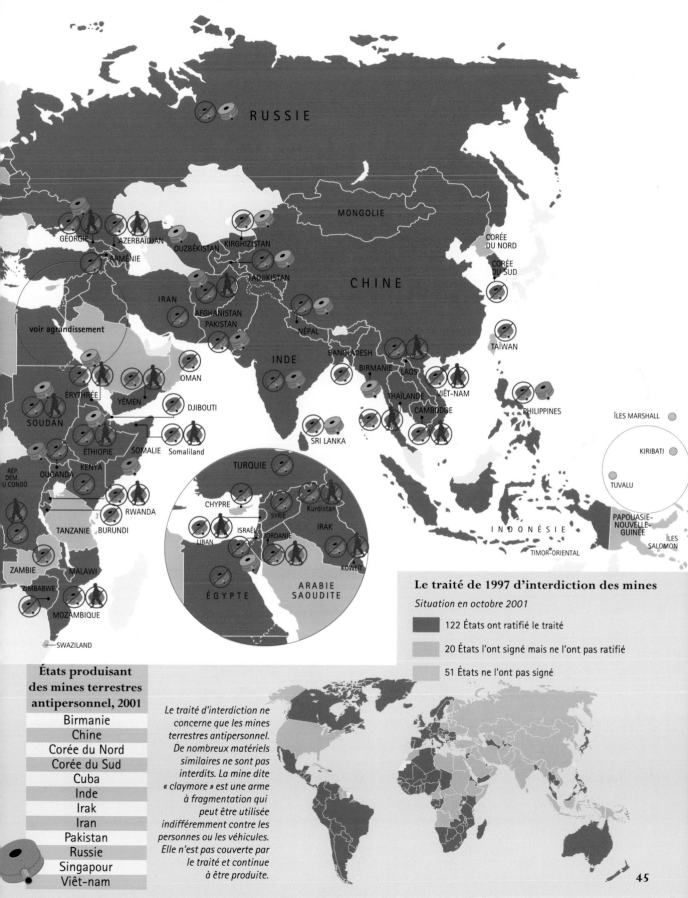

RUSSIE

MONGOLIE

CHINE

GÉORGIE
AZERBAÏDJAN
ARMÉNIE
OUZBÉKISTAN
KIRGHIZISTAN
TADJIKISTAN
IRAN
AFGHANISTAN
PAKISTAN
NÉPAL
INDE
BANGLADESH
BIRMANIE
LAOS
THAÏLANDE
VIÊT-NAM
CAMBODGE
SRI LANKA

CORÉE
DU NORD
CORÉE
DU SUD
TAÏWAN
PHILIPPINES

voir agrandissement

ÉRYTHRÉE
OMAN
YÉMEN
DJIBOUTI
SOUDAN
ÉTHIOPIE
SOMALIE
Somaliland
RÉP.
DÉM.
U CONGO
OUGANDA
KENYA
TANZANIE
BURUNDI
RWANDA
ZAMBIE
MALAWI
ZIMBABWE
MOZAMBIQUE
SWAZILAND

ÎLES MARSHALL
KIRIBATI
TUVALU
PAPOUASIE-
NOUVELLE-
GUINÉE
ÎLES
SALOMON
INDONÉSIE
TIMOR-ORIENTAL

TURQUIE
CHYPRE
SYRIE
Kurdistan
LIBAN
ISRAËL
JORDANIE
IRAK
KOWEÏT
ÉGYPTE
ARABIE
SAOUDITE

Le traité de 1997 d'interdiction des mines

Situation en octobre 2001

122 États ont ratifié le traité

20 États l'ont signé mais ne l'ont pas ratifié

51 États ne l'ont pas signé

États produisant des mines terrestres antipersonnel, 2001

Birmanie
Chine
Corée du Nord
Corée du Sud
Cuba
Inde
Irak
Iran
Pakistan
Russie
Singapour
Viêt-nam

Le traité d'interdiction ne concerne que les mines terrestres antipersonnel. De nombreux matériels similaires ne sont pas interdits. La mine dite « claymore » est une arme à fragmentation qui peut être utilisée indifféremment contre les personnes ou les véhicules. Elle n'est pas couverte par le traité et continue à être produite.

17 | Les enfants soldats

Les enfants peuvent tuer parce que les armes individuelles modernes sont légères et faciles à utiliser. Les enfants sont recrutés parce qu'ils sont bon marché, et qu'il est facile de les conditionner pour qu'ils tuent sans réfléchir et qu'ils acceptent le danger.

Le recrutement est souvent effectué de force. Il existe des cas répertoriés dans lesquels des menaces crédibles de meurtre ou d'amputation de membres ont été exercées, et d'autres dans lesquels la torture a été utilisée. Ces enfants soldats sont alors généralement sommés de commettre un acte de brutalité (comme le meurtre d'un de leurs parents ou d'une recrue récalcitrante) pour leur donner le baptême du feu et les engourdir psychologiquement. D'autres enfants rejoignent des groupes armés pour s'y réfugier ou pour exercer une vengeance.

Les enfants soldats vivent dans un monde de brutalités infligées par et contre eux. Les punitions y sont sévères et la vie y est courte. Nombre d'entre eux sont victimes de sévices sexuels. Les filles sont autant recrutées que les garçons. Les filles combattent rarement en première ligne (le Sri Lanka, la Colombie et le Burundi font partie des exceptions) ; leur service combine habituellement l'esclavage sexuel et des fonctions militaires variées comme la cuisine, le nettoyage et le pillage.

Dans de nombreux cas, après leur baptême du feu, les enfants soldats vivent dans un état de semi-stupeur induit par les drogues et l'alcool qui leur sont abondamment fournis par leurs chefs de manière calculée. Cela réduit leur sensibilité aux violences qu'ils infligent et subissent et les pousse à obéir en partie pour pouvoir assouvir leurs multiples dépendances grandissantes. Le prestige induit par une arme, une bouteille de vodka et une réputation de meurtrier fait également partie de la motivation.

Quand la paix arrive, le traumatisme de la guerre est remplacé par la perte des repères. Il n'est pas facile de ramener des combattants endurcis de tous âges à une paisible vie civile. Quand ces combattants sont des enfants ou ont été recrutés enfants, le problème est pire.

En Bolivie, presque la moitié des soldats ont entre 14 et 17 ans.

Les enfants soldats ont perdu leurs maisons, repères, éducation, sens moral et l'opportunité d'un développement social normal. Le retour au foyer peut être rendu impossible par la destruction de ce dernier ou en raison des perturbations psychologiques créées par ce qu'ils ont fait et vu. Leur intégrité physique peut également être sérieusement réduite. Outre les blessures subies lors de la guerre et les

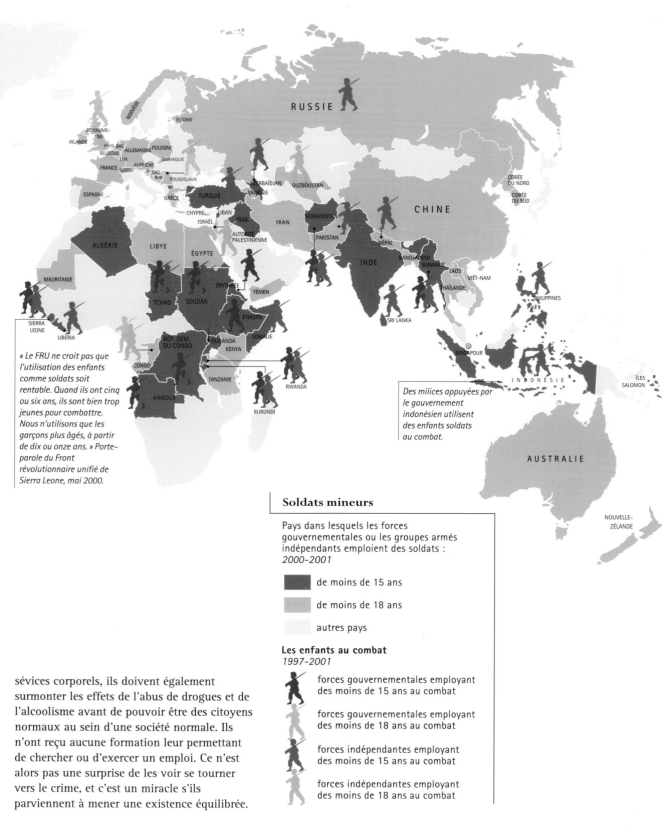

« Le FRU ne croit pas que l'utilisation des enfants comme soldats soit rentable. Quand ils ont cinq ou six ans, ils sont bien trop jeunes pour combattre. Nous n'utilisons que les garçons plus âgés, à partir de dix ou onze ans. » Porte-parole du Front révolutionnaire unifié de Sierra Leone, mai 2000.

Des milices appuyées par le gouvernement indonésien utilisent des enfants soldats au combat.

Soldats mineurs

Pays dans lesquels les forces gouvernementales ou les groupes armés indépendants emploient des soldats : *2000-2001*

- de moins de 15 ans
- de moins de 18 ans
- autres pays

Les enfants au combat
1997-2001

- forces gouvernementales employant des moins de 15 ans au combat
- forces gouvernementales employant des moins de 18 ans au combat
- forces indépendantes employant des moins de 15 ans au combat
- forces indépendantes employant des moins de 18 ans au combat

sévices corporels, ils doivent également surmonter les effets de l'abus de drogues et de l'alcoolisme avant de pouvoir être des citoyens normaux au sein d'une société normale. Ils n'ont reçu aucune formation leur permettant de chercher ou d'exercer un emploi. Ce n'est alors pas une surprise de les voir se tourner vers le crime, et c'est un miracle s'ils parviennent à mener une existence équilibrée.

47

CHAPITRE QUATRE

L'Europe

DURANT LA SECONDE MOITIÉ DU XXe SIÈCLE, le nombre de personnes tuées dans des guerres en Europe dépassa le demi-million. Mais, lors de la première moitié du siècle, ce chiffre avait dépassé les 60 millions.

   De 1900 à 1950, en marge des conflits en Europe, de nombreuses puissances européennes furent impliquées dans des guerres visant à conserver le contrôle de leurs empires coloniaux. La plupart des épisodes les plus noirs de l'histoire coloniale européenne (Belges au Congo, Britanniques en Afghanistan et en Inde)

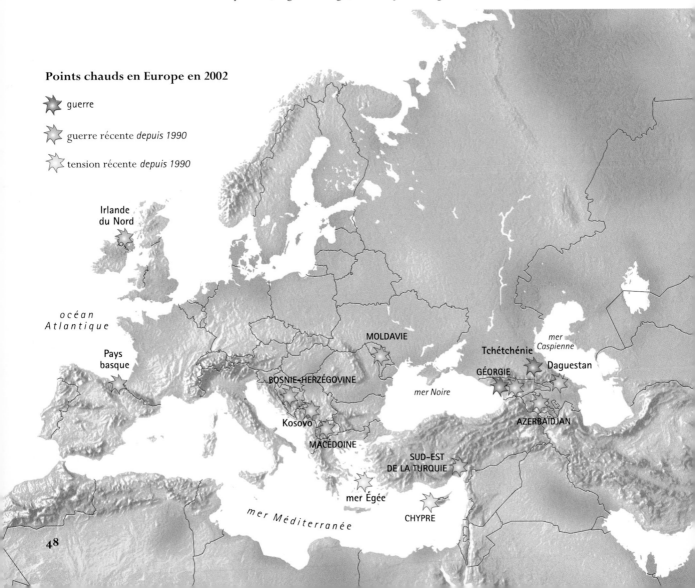

Points chauds en Europe en 2002

⭐ guerre

⭐ guerre récente *depuis 1990*

⭐ tension récente *depuis 1990*

Irlande
du Nord

*océan
Atlantique*

Pays
basque

BOSNIE-HERZÉGOVINE

Kosovo

MACÉDOINE

MOLDAVIE

mer Noire

Tchétchénie

*mer
Caspienne*

GÉORGIE

Daguestan

AZERBAÏDJAN

SUD-EST
DE LA TURQUIE

mer Égée

CHYPRE

mer Méditerranée

se produisirent durant cette période. La seconde moitié du siècle fut l'ère des décolonisations, avec également des périodes de grande violence (Français en Algérie, Portugais au Mozambique) mais tendant globalement vers des règlements plus pacifiques.

À partir des années 1980, la majorité des habitants de l'Europe occidentale pensaient que la période où l'Europe était impliquée dans des conflits, sur son sol ou ailleurs, était révolue. Lors des décennies qui suivirent la Seconde Guerre mondiale, tandis qu'en raison de la confrontation Est-Ouest l'Europe était fortement militarisée, peu de guerres se produisirent à proximité immédiate. Et, quand la confrontation Est-Ouest cessa, peu de sang fut versé. Malgré la poursuite des violences en Irlande du Nord et au Pays basque espagnol, l'opinion la plus répandue était qu'une nouvelle ère de paix s'annonçait.

C'est pourquoi les années 1990, avec l'extrême violence de l'éclatement de l'ex-Yougoslavie (ainsi que certains épisodes de l'éclatement de l'URSS), constituèrent un choc.

L'Europe de l'Ouest, qui commençait à s'affirmer et ne doutait pas de sa réussite pacifique, se montra incapable de faire face à la violence en ex-Yougoslavie. Elle ne put ni la contenir, ni la réprimer, ni la contrôler, ni persuader les politiciens des Balkans d'opter pour le compromis et la paix.

C'est peut-être pourquoi, dans les années 1990, les dirigeants européens qui tentaient d'expliquer ce qui se passait dans le sud-est de l'Europe firent comme si ces gens étaient différents d'eux. Ils parlèrent de clans incontrôlables et de haines ancestrales, bien qu'ils aient su que, lorsque des politiciens rivaux des Balkans se rencontraient, ils se montraient souvent amicaux et cordiaux entre eux.

Ce qui arrivait en ex-Yougoslavie ou dans le Caucase n'était qu'une lutte pour le pouvoir, mais elle se déroulait en dehors des règles du jeu démocratiques acceptées en Europe de l'Ouest. C'est cette absence de règles qui était spécifique, et non la vigueur du sentiment national, également répandu en Europe de l'Ouest, où il s'exprime de manière différente.

Quelques années après les massacres, l'Europe de l'Ouest tente de réintégrer le sud-est de l'Europe en son sein. La récompense offerte est l'entrée dans l'Europe moderne, au prix d'un changement complet de style de gouvernement. Il ne suffit pas d'écarter quelques hommes de la scène politique, c'est la scène politique elle-même qui doit être reconstruite, parallèlement à d'exhaustives réformes sociales et politiques. En ce sens, la recette pour la paix de l'Union européenne est l'Union européenne elle-même : coopérante, efficace, prospère, interdépendante et pragmatique. Tout ce que les Balkans et le Caucase n'ont jamais été.

49

18 L'Irlande du Nord

La première tentative anglaise de conquérir l'Irlande eut lieu en 1171. Les 750 années qui suivirent furent caractérisées par un conflit intermittent et souvent brutal, jusqu'à ce que la plus grande partie de l'Irlande parvienne à arracher sa véritable indépendance à une Grande-Bretagne épuisée par la Première Guerre mondiale.

La partition de l'Irlande et la création de l'Irlande du Nord n'avaient pas réglé les problèmes, qui reprirent sous la forme d'une sale petite guerre qui débuta en 1970 et dura près d'un quart de siècle. Au début du XXIᵉ siècle, une période de paix se dessine pour l'Irlande.

Pour faire la paix, les dirigeants politiques durent prendre des risques. Le chef républicain Gerry Adams fit le premier pas en évoquant une solution politique. Le chef nationaliste modéré John Hume fit le deuxième pas en rencontrant Adams en 1993. Le Premier ministre britannique John Major et le Premier ministre irlandais Albert Reynolds prirent le risque de les écouter conjointement et lancèrent une initiative de paix en décembre de la même année. En 1998, les nouveaux dirigeants britannique et irlandais, Tony Blair et Bertie Ahern, jouèrent leur crédibilité politique sur la conclusion d'un accord de paix, et le chef unioniste d'Irlande du Nord, David Trimble, passa outre l'opinion majoritaire de son propre parti pour les rejoindre.

Malgré quelques revers et une incertitude manifeste de chaque côté de l'échiquier politique, le processus de paix en Irlande du Nord s'est poursuivi. De nombreux groupes armés qui s'étaient organisés au nom de la défense d'une communauté se consacrent aujourd'hui à asseoir brutalement leur pouvoir sur ces mêmes communautés. Malgré les craintes du peuple et les soupçons de duplicité, les avantages apportés par le processus de paix sont trop importants pour qu'il soit abandonné.

De sa création jusqu'aux années 1960, l'Irlande du Nord a été dirigée par une petite élite locale, et le gouvernement de Londres a

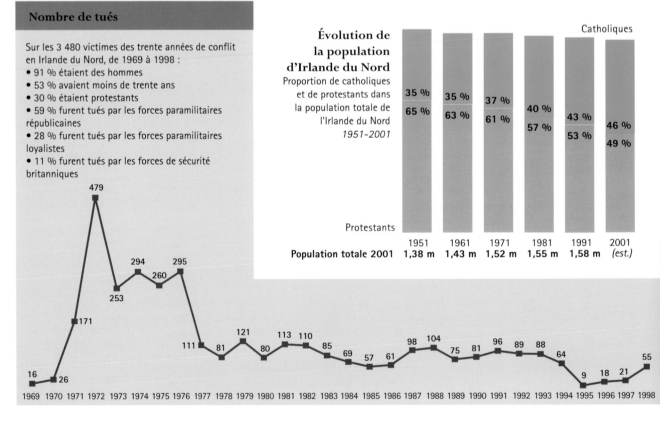

Nombre de tués

Sur les 3 480 victimes des trente années de conflit en Irlande du Nord, de 1969 à 1998 :
- 91 % étaient des hommes
- 53 % avaient moins de trente ans
- 30 % étaient protestants
- 59 % furent tués par les forces paramilitaires républicaines
- 28 % furent tués par les forces paramilitaires loyalistes
- 11 % furent tués par les forces de sécurité britanniques

Évolution de la population d'Irlande du Nord
Proportion de catholiques et de protestants dans la population totale de l'Irlande du Nord
1951-2001

Catholiques

	1951	1961	1971	1981	1991	2001
Catholiques	35 %	35 %	37 %	40 %	43 %	46 %
Protestants	65 %	63 %	61 %	57 %	53 %	49 %

Protestants

Population totale 2001 1,38 m / 1,43 m / 1,52 m / 1,55 m / 1,58 m (est.)

| 1969 | 1970 | 1971 | 1972 | 1973 | 1974 | 1975 | 1976 | 1977 | 1978 | 1979 | 1980 | 1981 | 1982 | 1983 | 1984 | 1985 | 1986 | 1987 | 1988 | 1989 | 1990 | 1991 | 1992 | 1993 | 1994 | 1995 | 1996 | 1997 | 1998 |
| 16 | 26 | 171 | 479 | 253 | 294 | 260 | 295 | 111 | 81 | 121 | 80 | 113 | 110 | 85 | 69 | 57 | 61 | 98 | 104 | 75 | 81 | 96 | 89 | 88 | 64 | 9 | 18 | 21 | 55 |

poursuivi sa politique de non-ingérence. Les bases de ce petit État sectaire n'existent presque plus aujourd'hui. La majorité protestante s'étiole. Tandis que la communauté catholique se rapproche d'une position majoritaire, ses dirigeants doivent décider de la meilleure façon de répondre à la tentation de se venger de ce que l'ancienne majorité a fait subir à leurs parents.

S'ils succombent à cette tentation, une discrimination inversée entraînera un retour à un conflit armé prolongé.

Répartition par âge des catholiques et protestants en Irlande du Nord

1991

Total approximatif de chaque groupe

1 million

42 %
58 %

0,4 million

Catholiques — 53 %
Protestants — 47 %

0-15 ans

16-64 ans (population active)

0,2 million

31 %
69 %

65 ans et plus

L'île d'Irlande

Fin des années 1990
Recensement et estimations

Population totale :
5,4 millions

Catholiques
4,15 millions
77 %

Protestants
1,1 million
20 %

Autres
150 000
3 %

Irlande du Nord

Proportion de catholiques et de protestants dans la population de chaque district.
1991, dernier recensement

Catholiques	Protestants
70–100 %	0–30 %
50–70 %	30–50 %
30–50 %	50–70 %
0–30 %	70–100 %

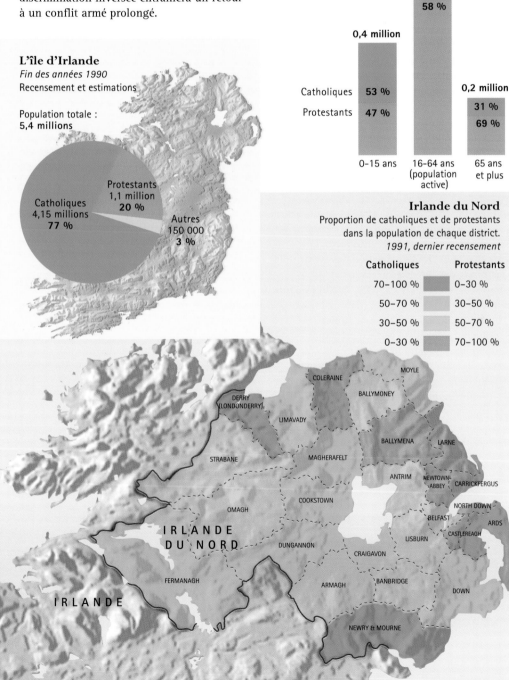

IRLANDE DU NORD

IRLANDE

MOYLE
COLERAINE
BALLYMONEY
DERRY (LONDONDERRY)
LIMAVADY
BALLYMENA
LARNE
STRABANE
MAGHERAFELT
ANTRIM
NEWTOWN-ABBEY
CARRICKFERGUS
COOKSTOWN
OMAGH
NORTH DOWN
BELFAST
ARDS
LISBURN
CASTLEREAGH
DUNGANNON
CRAIGAVON
FERMANAGH
ARMAGH
BANBRIDGE
DOWN
NEWRY & MOURNE

CHRONOLOGIE DES TROUBLES D'UNE ÎLE

1171 Invasion normande de l'Irlande depuis l'Angleterre.
1250 Les Normands contrôlent toute l'île.
1297 Des soulèvements confinent les Normands dans une petite zone autour de Dublin (le Pale).
1608 Des colons anglais et écossais sont installés en Ulster (Irlande du Nord).
1649 Cromwell, maître de l'Angleterre, réprime les soulèvements.
1690 Le roi Guillaume III d'Angleterre remporte une victoire décisive à la bataille de la Boyne, en Irlande du Nord.
1700 Les catholiques irlandais sont privés de droits de propriété.
Années 1790 50 000 morts après une guerre d'indépendance infructueuse menée par l'avocat protestant Wolfe Tone.
1801 Le Royaume-Uni de Grande-Bretagne et d'Irlande est créé.
Années 1840–1860 Famines, soulèvements et émigration.
1885-1914 Des hommes d'affaires protestants, des propriétaires terriens et l'armée empêchent le gouvernement britannique d'accorder l'autonomie (Home Rule) à l'Irlande.
1916 Easter Rising (Révolte de Pâques). Insurrection réprimée par les Britanniques.
1919-22 L'Armée républicaine irlandaise commence une nouvelle guerre d'indépendance.
1922-23 Guerre civile en Irlande à propos de l'acceptation des plans britanniques de partition de l'île.
1925 Partition acceptée. L'Irlande est indépendante, l'Irlande du Nord reste au sein du Royaume-Uni sous le contrôle de l'élite protestante et avec de sévères restrictions des droits des catholiques.
Années 1960 Campagne pour les droits civiques et contre la discrimination anticatholique en Irlande du Nord. Retour de bâton protestant.
1969 Une marche protestante déclenche des violences à Derry. Émeutes. L'armée britannique est appelée pour rétablir l'ordre.
1970 L'IRA provisoire lance une campagne armée.
1971 Début des internements sans procès. Escalade de la violence.
1993 Nouvelle initiative de paix lancée par Gerry Adams (chef du Sinn Fein) et John Hume (chef du SDLP).
1994 L'IRA décrète un cessez-le-feu.
1998 Accord de paix du Vendredi saint. Signature. Des référendums en Irlande du Nord et en Irlande donnent leur approbation.
Août Une bombe posée à Omagh par une fraction dissidente de l'IRA tue 29 personnes.
2001 L'IRA commence à détruire ses armes.
2002 Première élection d'un maire républicain irlandais à Belfast.
2002 L'IRA présente ses excuses aux familles des « non-combattants » tués lors du conflit.

19 L'éclatement de la Yougoslavie

La Yougoslavie avant la guerre
Population d'après le recensement de 1981 :
22 427 585

Le recensement de 1981 de la République fédérale socialiste de Yougoslavie fournit la dernière image démographique fiable de l'ex-Yougoslavie. Il répertoriait 6 nations, 10 nationalités et de nombreux autres groupes, dont les Yougoslaves.

Autres 1,5 % (incluant les *Slovaques, Roumains, Ruthènes, Bulgares, Turcs, Tchèques, Italiens* et d'autres groupes)

Hongrois 1,9 %
Monténégrins 2,6 %
Roms 3,7 %
Yougoslaves 5,4 %
Macédoniens 5,7 %
Albanais 7,7 %
Slovènes 7,8 %
Musulmans 8,7 %
Croates 19,7 %
Serbes 36,3 %

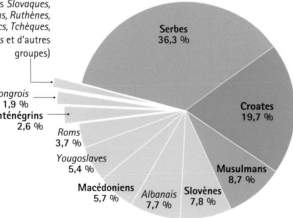

La désintégration de la Yougoslavie débuta en 1991. Lors de la décennie de guerre qui suivit, plus de 4 millions de personnes (près d'un quart de la population d'avant guerre) quittèrent leurs maisons et plus de 150 000 personnes furent tuées.

La Yougoslavie était née de la réunion de nations possédant une longue histoire commune de lutte pour l'indépendance politique. Érigée en royaume en 1918, elle fut dépecée par les forces d'occupation allemandes durant la Seconde Guerre mondiale, puis reformée par les communistes sous l'autorité de Josip Broz (Tito), qui la dirigea jusqu'à sa mort en 1980.

Tito se maintint au pouvoir par un mélange de répression, d'idéologie communiste et de concessions mesurées aux sentiments nationaux. Après sa mort apparut un conseil présidentiel qui réunissait les représentants de six républiques et de deux provinces. Le véritable pouvoir (à l'exception des services de sécurité et des forces armées) se déplaça progressivement de la capitale fédérale vers les républiques.

En 1987, Slobodan Milosevic utilisa le sentiment nationaliste serbe à propos du Kosovo pour prendre le pouvoir en Serbie et mettre la main sur la Yougoslavie dans son ensemble. Milosevic priva de leur autonomie les provinces du Kosovo et de la Vojvodine, et ses alliés proches prirent le contrôle du Monténégro.

En Slovénie tout d'abord, puis en Croatie, les sentiments nationalistes grandirent en opposition avec la Serbie. En 1991, ces deux républiques proclamèrent leur indépendance, comme l'avait fait la Macédoine, et furent suivies par la Bosnie-Herzégovine en 1992. Il s'ensuivit une courte guerre en Slovénie, une guerre de six mois en Croatie (juillet 1991-janvier 1992) et trois ans et demi d'une guerre dévastatrice en Bosnie (1992-1995), tandis que la Macédoine échappait à la guerre jusqu'en 2001.

En Bosnie-Herzégovine, durant la guerre entre le gouvernement bosniaque et les forces de l'autoproclamée république de Serbie, une autre guerre éclata en 1993 en Bosnie centrale entre les forces bosniaques et les Croates. Les forces de la république de Serbie réussirent à contrôler jusqu'à près de 70 % du territoire. Elles utilisèrent la terreur, incluant assassinats, camps de concentration et viols systématiques, pour quasiment expulser tous les Croates et tous les Musulmans (ces derniers constituant un groupe national plus que religieux, bien que nombre d'entre eux soient effectivement musulmans).

Les forces de l'ONU arrivèrent en Bosnie et en Croatie en 1992. Elles occupèrent la ligne de cessez-le-feu en Croatie et tentèrent de limiter les destructions et les souffrances en Bosnie-Herzégovine. Le Conseil de sécurité de l'ONU changea le mandat de ces forces dix fois en vingt mois. Après avoir promis de créer des « zones de sécurité », il ne parvint pas à faire appliquer ses décisions avec des forces suffisantes.

En juillet 1995, les troupes de la république de Serbie massacrèrent plus de 7 000 Bosniaques de sexe masculin au sein de la zone de sécurité de Srebrenica. En réponse, la politique occidentale changea. Après la reprise par les Croates de la Krajina, une offensive combinée des Bosniaques, soutenue par un appui aérien américain, repoussa les forces serbes. Sous la pression des États-Unis, un traité de paix fut négocié sur la base militaire aérienne de Dayton, dans l'Ohio. La Bosnie-Herzégovine demeura un seul et même pays, composé de deux entités, dont l'une était elle-même une fédération de deux parties. Bosniaques, Croates et Serbes se partageaient le pouvoir, et les dirigeants politiques de chaque communauté conservaient un droit de veto au sein du Parlement fédéral.

Juin 1991
*Guerre de dix jours
pour l'indépendance*

HONGRIE

CROATIE **Slavonie
occidentale**

Slavonie orientale

Septembre 1991
*L'armée yougoslave bombarde et détruit
Vukovar. Population avant guerre :
45 000 avec approximativement 50 % de
Croates et 50 % de Serbes. Population après
guerre : environ 15 000.*

Avril 1991
*La rencontre entre le président croate
Franmjo Tudjman et le dirigeant serbe
Slobodan Milosevic est grandement
soupçonnée d'avoir débouché sur un accord
de partage de la Bosnie-Herzégovine.*

Vojvodine

Belgrade

République de Serbie

Serbie

Hiver 1995-1996
*À la suite de l'accord de Dayton, la république
de Serbie force les Serbes à quitter Sarajevo,
infligeant à sa propre population un nettoyage
ethnique.*

Août 1995
*L'offensive croate regagne les
territoires perdus en 1991 et
expulse au moins 200 000
Serbes : le nettoyage ethnique le
plus important effectué en une
seule fois.*

**BOSNIE-
HERZÉGOVINE**

**RÉPUBLIQUE
FÉDÉRALE
DE YOUGOSLAVIE**

Sanjak

Fédération bosno-croate

Monténégro

Kosovo

*mer
Adriatique*

ALBANIE

Noms de villes et lieux sur la carte : Bjelovar, Zagreb, Samobor, V. Gorica, Sisak, Karlovac, Ogulin, Kutina, Pakrac, Pak. Poljana, Bos. Novi, Prijedor, Keraterm, Trnopolje, Omarska, Manjaca, Banja Luka, Bihac, Ripac, Sanski Most, Kljuc, Bos. Petrovac, Kotar Varos, Doboj, Zadar, Sibenik, Split, Travnic, Vitez, Sarajevo, Kalinovik, Pale, Kula, Zepa, Rogatica, Visegrad, Gorazde, Foca, Mostar, Dretelj, Gabelar, Dubrovnik, Podgorica, Niksic, Sombor, Karadjordjevo Villa, Osijek, Vukovar, Ruma, Sremska-Mitrovica, Sabac, Mladenovac, Bijeljina, Tuzla, Zvornik, Srebrenica, Cacak, Arandelovac, Valjevo, Priboj, Pec, Dakovica

Fleuves : Rupa, Una, Sava, Bosna, Neretva, Drina, Lim, Tisa, Danube, Moraca

Bosnie-Herzégovine : la guerre et ses conséquences

——— frontière fixée à Dayton en 1995

⬤ camps où furent organisés
des viols systématiques

▨ Fédération bosno-croate

▲ sites de charniers
(plus de 100 cadavres)

▨ République de Serbie

▨ zones de la Croatie
conquises par les Serbes
en 1992-1995

✳ camps de concentration

La Bosnie avant la guerre
Zones où plus de la moitié
de la population était :

▨ serbe

▨ musulmane

▨ croate

▨ sans groupe majoritaire

53

20 Le Kosovo et la guerre contre la Yougoslavie

Slobodan Milosevic arriva au pouvoir suprême en Serbie en exploitant le sentiment national. Au final, la Yougoslavie éclata, et la Serbie subit un désastre économique, une défaite militaire et des pertes territoriales.

Selon la Constitution yougoslave de 1974, le Kosovo était une province autonome au sein de la Serbie. En 1981, après des manifestations réclamant plus d'autonomie, la répression serbe débuta, s'accélérant lorsqu'un politicien communiste prometteur s'empara de ce thème en 1987.

Milosevic utilisa le nationalisme pour renforcer sa position en Serbie et briguer plus de pouvoir en Yougoslavie. La perte d'autonomie, tout d'abord pour la Vojvodine puis pour le Kosovo, faisait partie du processus.

En 1991, les Kosovars se prononcèrent pour une république indépendante et commencèrent à boycotter les élections. Les hommes de Milosevic dérobèrent les bulletins que les Albanais ne déposaient pas dans les urnes. Quand l'opposition démocratique serbe à Milosevic fut à son pic, en 1991 et en 1996, il n'y eut aucune tentative de faire cause commune avec les Kosovars.

Le Kosovo chercha d'abord l'indépendance de manière non violente, en espérant le soutien de la communauté internationale. Mais, en 1995, l'accord de Dayton qui mettait fin à la guerre en Bosnie-Herzégovine ignora le Kosovo. L'Armée de libération du Kosovo (l'UCK) fit sa première apparition publique au

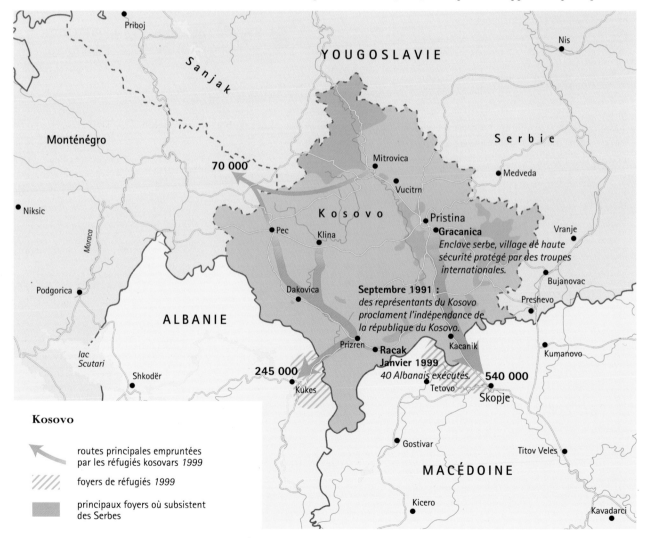

Kosovo

→ routes principales empruntées par les réfugiés kosovars *1999*

/// foyers de réfugiés *1999*

▨ principaux foyers où subsistent des Serbes

milieu de 1996, huit mois plus tard.

La guerre débuta en février 1998. Pendant l'été, quelque 250 000 Kosovars furent contraints d'abandonner leurs foyers. Pour mettre fin à la violence, l'OTAN agita la menace de bombardements. En octobre, Milosevic accepta un cessez-le-feu. Durant l'hiver, la police paramilitaire serbe et l'UCK continuèrent leurs opérations.

En janvier 1999, une attaque de la police serbe fit 40 morts dans le village de Racak, dans le sud du Kosovo. Bien que les enquêtes médico-légales soient demeurées peu concluantes, les observateurs officiels internationaux considérèrent cet incident comme un massacre de civils innocents.

Les grandes puissances convoquèrent les dirigeants serbes et kosovars en France et proposèrent une autonomie accrue pour le Kosovo garantie par des forces armées étrangères, ainsi qu'un futur référendum sur l'indépendance. Les Kosovars finirent par accepter, mais les Serbes refusèrent.

Le 23 mars 1999, les bombardements commencèrent. Les États-Unis s'attendaient à une guerre courte. Elle dura 78 jours. Près d'un million d'Albanais durent quitter le Kosovo.

Membres du Conseil de sécurité de l'ONU, la Russie et la Chine auraient opposé leur veto aux bombardements en cas de vote en son sein. Les Occidentaux se gardèrent donc bien de faire passer la question au vote. La campagne de bombardement enfreignit donc les termes de la Charte de l'ONU.

L'accord qui entraîna l'arrêt des bombardements ne fut pas davantage ratifié par le Conseil de sécurité de l'ONU. Il maintenait le Kosovo au sein de la Serbie avec un degré assez considérable quoique mal défini d'autonomie (un cadre constitutionnel ne fut dressé que deux ans plus tard). Des forces sous contrôle de l'OTAN y entrèrent, et la police et l'armée serbe et yougoslave se retirèrent. La Mission des Nations unies au Kosovo administra la zone. Tandis que les forces internationales arrivaient et que les réfugiés albanais rentraient, plus de 100 000 Serbes s'enfuirent, certains furent expulsés, d'autres s'en allèrent par crainte de représailles.

Bien qu'une partie de l'opinion publique se fût rangée derrière Milosevic en Serbie, la majorité lui reprocha d'avoir entraîné la Serbie dans une guerre désastreuse. L'opposition démocratique habituellement si divisée parvint à s'unir en vue des élections présidentielles de septembre 2000. Vojislav Kostunica l'emporta, et même l'équipe expérimentée de truqueurs de scrutins de Milosevic n'y put rien. Face aux manifestations massives de Belgrade, avec le soutien tacite de l'armée et de la police, Milosevic dut s'effacer. Il fut arrêté en 2001 afin d'être jugé pour les crimes au Kosovo. Il n'est pas certain qu'il aura à répondre de ses crimes en Bosnie, en Croatie et en Serbie même.

Pour surmonter les dégâts politiques, économiques et sociaux qui résultent des treize ans de pouvoir exercé par Slobodan Milosevic, la tâche des nouveaux gouvernements de Yougoslavie et de Serbie sera longue et difficile.

La vallée de Preshevo

À l'issue de l'accord de Kumanovo de juin 1999, les forces serbes et yougoslaves furent exclues de la région des plaines du sud de la Serbie. Pour appuyer le travail de sape contre Milosevic, les États-Unis soutinrent l'« Armée de libération de Preshevo, Medveda et Bujanovac », tenant son nom des trois principales villes de la région, et fermèrent les yeux sur l'envoi d'armes. Des combats sérieux eurent lieu fin 2000, après l'éviction de Milosevic. Belgrade et l'OTAN coopérèrent alors pour conserver la maîtrise des événements. En mai 2001, un accord de paix fut signé, promettant le développement économique de la région, permettant le retour de l'armée yougoslave dans ce qui avait été la zone d'exclusion, et la vallée de Preshevo attendait des investissements économiques.

1941 Naissance.
1962 Suicide de son père.
1972 Suicide de sa mère.
1986 Prend la tête du Parti communiste serbe (rebaptisé en 1991 Parti socialiste de Serbie).
1987 Soutient les nationalistes serbes contre la police du Kosovo, se lance dans l'ascension finale vers le sommet du pouvoir.
1988 Parvient à mettre ses alliés au pouvoir en Vojvodine et au Monténégro.
1989 Président de la Serbie. Abroge de force l'autonomie du Kosovo.
1991 Manifestations massives contre Milosevic violemment réprimées à Belgrade.
1995 Signe l'accord de Dayton mettant fin à la guerre en Bosnie-Herzégovine au nom des Serbes de Bosnie.
1996-1997 Manifestations massives contre la fraude électorale organisée par Milosevic lors d'élections locales serbes.
1997 Président de la République fédérale de Yougoslavie.
1998 Accepte un cessez-le-feu au Kosovo.
1999 Rejette l'ultimatum international ordonnant le retrait des forces serbes et yougoslaves du Kosovo.
2000 22 septembre : perd les élections présidentielles fédérales. 23 septembre : proclame sa victoire. 5 octobre : évincé par des manifestations massives et sous la pression de l'armée.
2001 Arrêté et transféré à La Haye pour y être jugé pour crime contre l'humanité au Kosovo devant le Tribunal pénal international pour l'ex-Yougoslavie.

21 | L'ex-Yougoslavie et son avenir

À compter de mars 2002 plus aucun pays ne s'appelait Yougoslavie, les deux républiques restantes s'étant mises d'accord sur un nouveau nom (tout simplement « Serbie et Monténégro ») et sur une nouvelle structure constitutionnelle pour une période provisoire de trois ans.

Parmi les composantes de ce qui fut la République fédérale socialiste de Yougoslavie de 1945 à 1992, seules la Croatie et la Slovénie, les premières à la quitter, ont aujourd'hui un cadre constitutionnel stable et transparent. Pour les autres, le fondement même des institutions politiques (quel est le pays d'appartenance, qui y a quels droits et comment le gouvernement est choisi) pourrait changer de façon radicale ces prochaines années. Une plus grande stabilité constitutionnelle est une des conditions nécessaires pour bâtir une paix durable.

Une deuxième condition requise est la mise en état de marche des économies locales. La guerre, les sanctions et une corruption rampante ont eu une influence pesante sur la productivité et la prospérité. En 2002, trois ans après l'intervention des forces internationales, un rapport de l'ONU sur le Kosovo montrait que la moitié de la population vivait dans la pauvreté et un huitième (12 %) dans une pauvreté extrême. Comme en Bosnie-Herzégovine, les meilleurs emplois se trouvant au sein des organisations internationales, ils attirent une bonne partie des personnes les mieux formées. Celles-ci délaissent ainsi l'activité économique locale, qui pourrait attirer les investissements étrangers et être le moteur d'une croissance économique.

La corruption et la criminalité sont répandues, atteignant les plus hautes instances politiques à travers toute la région. Un effort majeur contre la corruption est la troisième condition requise pour une paix stable.

Avant que ces conditions ne soient remplies, l'aide internationale est nécessaire. Une aide extérieure ne peut résoudre les problèmes sous-jacents, mais elle peut les contenir jusqu'à ce qu'une solution locale émerge.

La Haye : Tribunal pénal international pour l'ex-Yougoslavie
Situation en juillet 2002

Nombre de détenus à La Haye en juillet 2002 : 47, plus 9 provisoirement libérés en attente de procès.

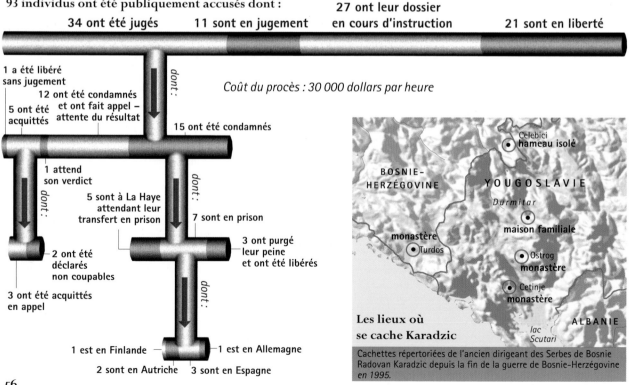

93 individus ont été publiquement accusés dont :

34 ont été jugés **11 sont en jugement** **27 ont leur dossier en cours d'instruction** **21 sont en liberté**

dont :

Coût du procès : 30 000 dollars par heure

1 a été libéré sans jugement

12 ont été condamnés et ont fait appel – attente du résultat

5 ont été acquittés

15 ont été condamnés

1 attend son verdict

5 sont à La Haye attendant leur transfert en prison

7 sont en prison

3 ont purgé leur peine et ont été libérés

2 ont été déclarés non coupables

dont :

3 ont été acquittés en appel

dont :

1 est en Finlande — 1 est en Allemagne

2 sont en Autriche — 3 sont en Espagne

dont :

Les lieux où se cache Karadzic

BOSNIE-HERZÉGOVINE

YOUGOSLAVIE

Celebici
hameau isolé

Durmitar

maison familiale

monastère
Turdos

Ostrog
monastère

Cetinje
monastère

ALBANIE

lac Scutari

Cachettes répertoriées de l'ancien dirigeant des Serbes de Bosnie Radovan Karadzic depuis la fin de la guerre de Bosnie-Herzégovine en 1995.

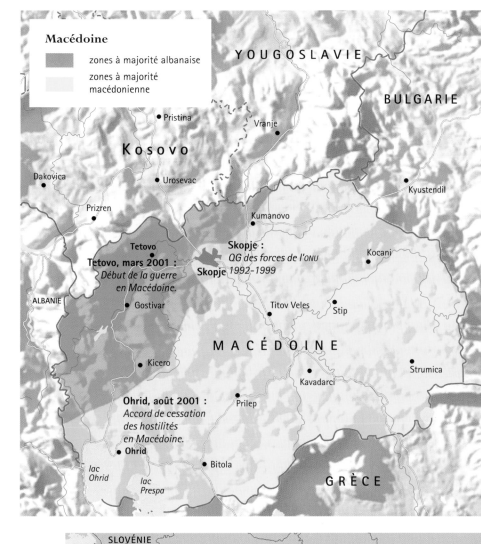

Macédoine

zones à majorité albanaise

zones à majorité macédonienne

YOUGOSLAVIE

BULGARIE

• Pristina

• Vranje

KOSOVO

• Dakovica

• Urosevac

• Kyustendil

• Prizren

• Kumanovo

Tetovo
Tetovo, mars 2001 :
Début de la guerre en Macédoine.

Skopje :
QG des forces de l'ONU
Skopje *1992-1999*

• Kocani

ALBANIE

• Gostivar

• Titov Veles

• Stip

MACÉDOINE

• Kicero

• Strumica

Ohrid, août 2001 :
Accord de cessation des hostilités en Macédoine.

• Kavadarci

• Prilep

• **Ohrid**

• Bitola

lac Ohrid

lac Prespa

GRÈCE

Décembre 1992-février 1999
Les forces des Nations unies constituées d'un bataillon nordique et d'un bataillon américain, associés à une police civile, furent déployées en Macédoine. Leur rôle était d'empêcher un conflit violent. Elles tentèrent de faire régner le calme dans les zones frontalières et encouragèrent les bonnes relations entre les différents groupes ethniques.

Février 1999 Au sein du Conseil de sécurité de l'ONU, la Chine met son veto au maintien de la mission en réponse à la reconnaissance de Taïwan par le gouvernement de Skopje.

Mars 1999 Un mois après le départ des forces de l'ONU, l'afflux massif de réfugiés albanais du Kosovo commence, entraînant des tensions interethniques en Macédoine.

Mars 2001 La guerre débute, menée par des groupes de guérilla albanaise désirant plus de droits pour les Albanais. La majorité des Macédoniens y voient le signal d'une certaine autonomie pouvant éventuellement déboucher sur une sécession des zones à majorité albanaise du pays.

Août 2001 D'importantes pressions exercées par l'UE et l'OTAN sur toutes les parties entraînent la fin des hostilités, qui avaient déjà fait 200 morts.

SLOVÉNIE

CROATIE

Vojvodine

ROUMANIE

Bosnie-Herzégovine

Réunion de deux entités (la république de Serbie et une fédération de deux autres parties), la Bosnie-Herzégovine va-t-elle devenir un seul État ou deux, voire trois États ? La communauté internationale désire un seul État, mais de nombreux politiciens serbes et croates de Bosnie n'en veulent pas.

BOSNIE-HERZÉGOVINE

Serbie

Serbie et Monténégro

Mars 2002 : Arrangement de trois ans instaurant une union distante et la perte du nom de République fédérale de Yougoslavie. L'accord a été conclu sous la pression insistante de l'UE, qui voulait éviter l'indépendance du Monténégro. Futur incertain.

Macédoine

Partie prenante de l'accord de paix d'août 2001, les amendements à la Constitution encourageant les Albanais à plus de participation au sein de l'État sont considérés comme insuffisants par de nombreux Albanais et comme trop importants par de nombreux Macédoniens.

Monténégro

Kosovo

MACÉDOINE

Kosovo

Trame constitutionnelle promulguée en 2001 par une mission de l'ONU. Il n'a pas encore été décidé si la province restera au final partie intégrante de la Serbie. Les Albanais et les Serbes ont une vision radicalement différente. La communauté internationale semble hésiter.

ITALIE

ALBANIE

GRÈCE

Incertitudes constitutionnelles

22 | Le Caucase

La Seconde Guerre mondiale

Joseph Staline accusa des nations entières de collaboration avec les Allemands durant la Seconde Guerre mondiale. Les forces de sécurité soviétiques rassemblèrent tous les Tchétchènes (400 000 pers.) et les Ingouches (100 000 pers.) ainsi que 100 000 autres personnes vivant dans le nord du Caucase et les déportèrent dans des camions à bestiaux vers l'Asie centrale. Plusieurs milliers moururent durant le trajet. Leur retour ne fut pas autorisé avant 1957.

Le Caucase est une région où cohabitent 51 langues et où les frontières et les nations ne correspondent pas les unes aux autres. À la fin des années 1980, le désir d'indépendance des Arméniens et des Géorgiens contribua à la crise qui entraîna l'explosion de l'URSS en 1991. Mais ce désir d'indépendance était également fort dans d'autres zones de l'ex-URSS. Les nouveaux dirigeants de la Tchétchénie cherchaient à se libérer de la Russie, l'Abkhazie de la Géorgie, et des peuples divisés comme les Ossètes ou les Lezguiens recherchaient l'unité politique.

Les rêves de prospérité et de liberté tournèrent au vinaigre quand les conflits s'intensifièrent. Certains hommes politiques clés n'avaient que peu d'expérience, peu de sens des responsabilités et aucun contre-pouvoir démocratique. Ce furent inévitablement les gens ordinaires qui en souffrirent. La première moitié des années 1990 fut la pire des périodes : si mauvaise que les migrations réduisirent la population de l'Arménie de 25 à 30 %.

En Géorgie et en Azerbaïdjan, un gouvernement musclé exercé par des politiciens soviétiques chevronnés, la présence militaire soviétique et l'œil attentif des observateurs internationaux ont étouffé la majorité des conflits, mais ne les ont pas résolus.

Le conflit entre la Russie et la Tchétchénie n'a quant à lui pas pu être étouffé. La Russie a perdu la première guerre de 1994-1996 et s'y est embourbée jusqu'à ce qu'elle se lance dans une nouvelle guerre en 1999. La Russie contrôle la capitale fantôme de Groznyï, mais les troupes russes sont attaquées tous les jours par la guérilla tchétchène, qu'elles surpassent pourtant en nombre dans un rapport de 20 pour 1. Les forces russes répondent aux attaques par des incursions dans les villages, donnant à des soldats russes faiblement motivés une opportunité de voler et de brutaliser les villageois. La paix n'est pas encore en vue.

Le pétrole de la mer Caspienne attise l'intérêt pour la région. Il pourrait représenter 5 % de la production mondiale en 2020 : chiffre suffisamment important pour que les intérêts américains, russes et iraniens s'affrontent sur le tracé d'un nouveau pipeline. Dans le Caucase, c'est l'Azerbaïdjan qui en serait le principal bénéficiaire. Mais la combinaison des intrigues internationales, de la jalousie et du ressentiment des laissés-pour-compte de cette nouvelle manne financière pourrait à nouveau envenimer les choses.

Groupes linguistiques du Caucase

	groupe linguistique altaïque (ou turc) : 6 langues, dont l'azéri

Groupe linguistique caucasien

	sous-groupe du nord-ouest du Caucase : 3 langues, dont l'abkhaz
	sous-groupe nakh (ou vaynakh) : 3 langues, dont le tchétchène et l'ingouche
	daguestanais : 28 langues, dont le lezguien
	kartvelien : 3 langues, dont le géorgien et le mingrelien

Groupe linguistique indo-européen

	sous-groupe iranien : 4 langues, dont le kurde et l'ossète
	sous-groupe slave : 2 langues, le russe et l'ukrainien
	arménien
	grec

Abkhazie

1992 Guerre : 300 000 Géorgiens fuient devant les combats. Les Abkhazes formaient 18 % de la population de la république, les Géorgiens 45 %.
1998 Nouveaux combats, nouvelles expulsions.
Pas de progrès dans les négociations depuis 1993. Des groupes paramilitaires de réfugiés géorgiens se sont formés.
2002 Combats renouvelés.

Ossétie du Nord

1992 Des disputes territoriales débouchent sur une guerre courte entre les Ossètes et les Ingouches. Presque tous les Ingouches (environ 50 000) sont chassés. Retour accordé en 1997, mais moins d'un tiers d'entre eux sont retournés dans leurs foyers.

Daguestan

1999 Brefs combats : armée russe contre militants et partisans tchétchènes, prélude à la deuxième guerre de Tchétchénie.

Tchétchénie

1991 Indépendance proclamée à l'éclatement de l'URSS.
1994-1996 Guerre. La Russie tente de reprendre le contrôle. 30 000 civils tués, 600 000 déplacés. Accord de paix temporaire.
1996 La Russie se retire.
1999 Deuxième guerre : plus de 370 000 déplacés, la population de Groznyï passe de 400 000 avant guerre à 30 000.

Ossétie du Sud

1991 Guerre. Tous les Géorgiens ont fui la région, 100 000 Ossètes se sont enfuis d'autres zones de la Géorgie. Les parties en présence se sont mises d'accord sur la non-utilisation de la violence, mais aucun progrès n'a été fait vers un règlement final du conflit.

Adjarie

1991- Tensions autour de l'autonomie économique et politique. La base militaire russe de Batoumi joue en faveur de l'Adjarie.

Vallée de Pankisi

2002 Vallée longue de 80 km considérée par la Russie et les États-Unis comme une base arrière des combattants tchétchènes et d'al Qaida.

Lezguiens

175 000 au Daguestan, 225 000 en Azerbaïdjan : demande d'unification, parfois avec violence. La Russie et l'Azerbaïdjan coopèrent pour tenter de calmer les tensions.

Nakhitchevan

Enclave azérie, vulnérable et sujette aux tensions, lieu de naissance de l'actuel président azéri et de son prédécesseur immédiat.

Haut-Karabakh

1990-1993 Guerre. Commencée avant l'éclatement de l'URSS. Population d'avant guerre à 75 % arménienne. Le territoire sous contrôle arménien comprend des terres azéries reliant le Haut-Karabakh à l'Arménie. Les combats ont brièvement repris en 1997. Pas de progrès dans les négociations depuis 1998.

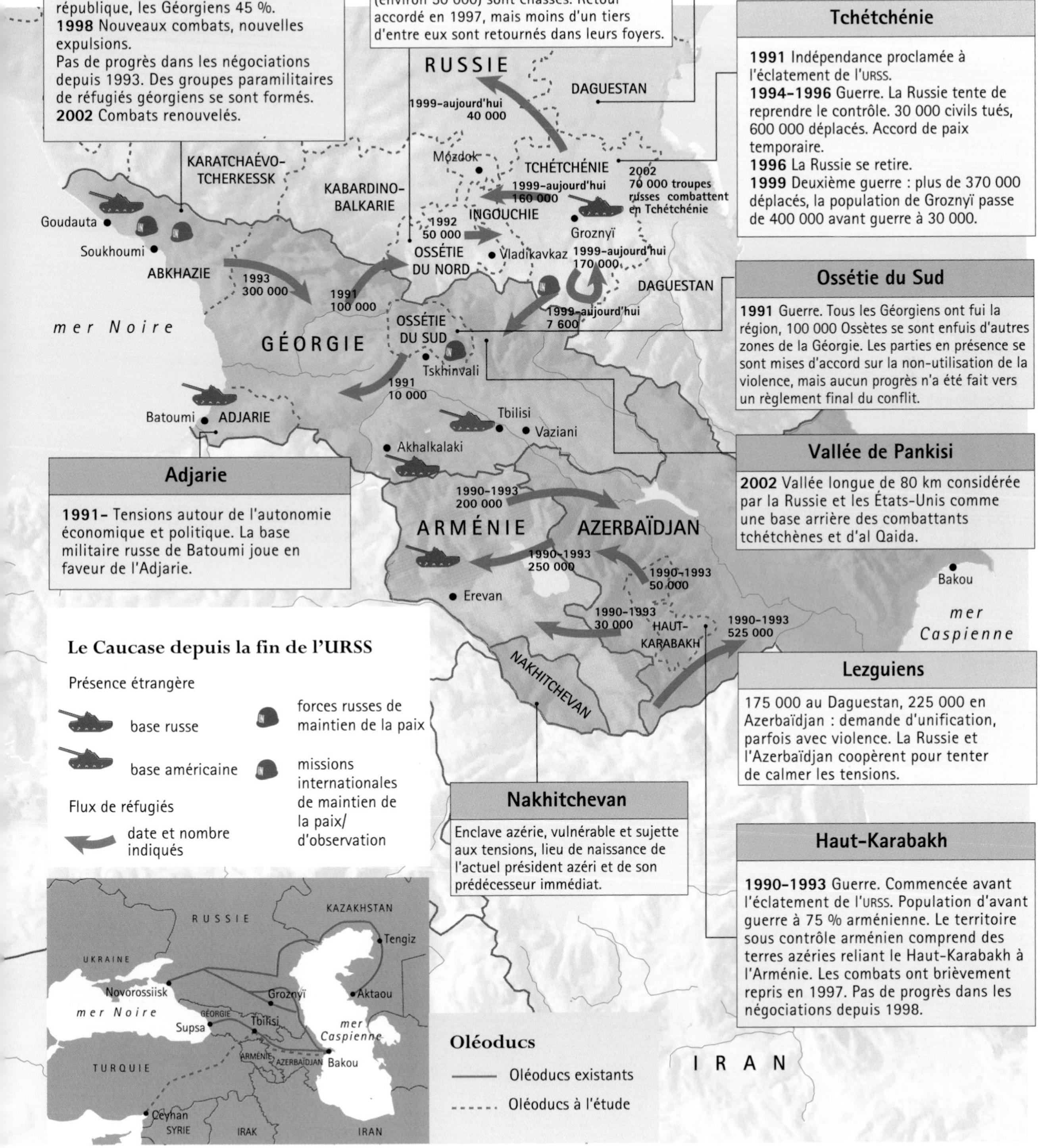

RUSSIE
DAGUESTAN
1999-aujourd'hui 40 000
Mozdok
TCHÉTCHÉNIE
2002 70 000 troupes russes combattent en Tchétchénie
KARATCHAÉVO-TCHERKESSK
KABARDINO-BALKARIE
1999-aujourd'hui 160 000
INGOUCHIE
Groznyï
Goudauta
Soukhoumi
ABKHAZIE
1992 50 000
OSSÉTIE DU NORD
Vladikavkaz
1999-aujourd'hui 170 000
1993 300 000
1991 100 000
DAGUESTAN
1999-aujourd'hui 7 600
mer Noire
GÉORGIE
OSSÉTIE DU SUD
Tskhinvali
1991 10 000
Batoumi
ADJARIE
Tbilisi
Vaziani
Akhalkalaki
1990-1993 200 000
ARMÉNIE
AZERBAÏDJAN
1990-1993 250 000
1990-1993 50 000
Bakou
Erevan
1990-1993 30 000
HAUT-KARABAKH
1990-1993 525 000
mer Caspienne
NAKHITCHEVAN
IRAN
Le Caucase depuis la fin de l'URSS
Présence étrangère
base russe
base américaine
forces russes de maintien de la paix
missions internationales de maintien de la paix/d'observation
Flux de réfugiés
date et nombre indiqués
RUSSIE
KAZAKHSTAN
Tengiz
UKRAINE
Novorossiisk
Groznyï
Aktaou
mer Noire
GÉORGIE
Supsa
Tbilisi
mer Caspienne
TURQUIE
ARMÉNIE
AZERBAÏDJAN
Bakou
Ceyhan
SYRIE
IRAK
IRAN
Oléoducs
Oléoducs existants
Oléoducs à l'étude

CHAPITRE CINQ

Le Proche-Orient
et l'Afrique du Nord

Indice de développement
humain de l'ONU
2002

Israël 22

Bahreïn 39

Koweït 45,
É.A.U. 46
Qatar 51

Libye 64

Arabie saoudite
71
Liban 75
Oman 78

Tunisie 97,
Iran 98,
Jordanie 99

Algérie 106
Syrie 108

Égypte 115

Maroc 123

Yémen 144

LE MONDE ARABE ET LE PROCHE-ORIENT ne sont pas synonymes, car la région compte des États non arabes (l'Iran et Israël) et il existe de nombreuses ethnies arabes. Néanmoins, la compréhension du Proche-Orient nécessite la compréhension des problèmes arabes.

La majeure partie de la région est pauvre, malgré la présence de gisements de pétrole au Proche-Orient et en Afrique du Nord. Bien que le monde arabe ait longtemps été en avance dans le domaine de l'éducation, plus de 40 % des adultes sont aujourd'hui analphabètes. Et, malgré les atouts que constituent une langue, une religion et une culture commune, les États arabes de la région sont divisés et s'affrontent souvent les uns les autres.

Le Proche-Orient arabe a eu de grandes difficultés à entretenir de bonnes relations avec l'Occident depuis qu'un Européen a conquis l'Égypte au XVIIIe siècle. L'arrivée de Napoléon Bonaparte en Égypte fut un choc pour les élites dirigeantes arabes et ottomanes qui voyaient l'Europe comme une région appauvrie, arriérée et barbare ; vision parfaitement justifiée un siècle auparavant. L'Europe était riche et possédait à présent la supériorité militaire, une technologie de pointe et des gouvernements plus efficaces. À la fin du XIXe siècle, la majeure partie de l'Afrique du Nord était aux mains des Européens. Quand l'Empire ottoman s'effondra à la fin de la Première Guerre mondiale, la France et la Grande-Bretagne se partagèrent ce qui restait de ses possessions.

îlot
Persil
Alger
• Rabat
MAROC
Tunis
TUNISIE
Tripoli
SAHARA
OCCIDENTAL
ALGÉRIE
LIBYE

À partir du XIXe siècle et tout au long du XXe siècle, l'Europe fut une des principales préoccupations des penseurs arabes : fallait-il la copier, la rejeter ou n'en prendre que ce qui pouvait convenir aux mœurs arabes ? Ils ne parvinrent pas à se mettre d'accord.

La découverte du pétrole et l'affranchissement de la domination européenne auraient pu fournir l'énergie et les ressources nécessaires à une renaissance arabe. Mais le rôle central du pétrole dans l'économie moderne a conduit la superpuissance américaine à s'impliquer dans la région, et les problèmes des pays arabes se sont révélés trop nombreux et trop complexes pour être réglés. Même dans la région du Golfe, pourtant dotée de ressources pétrolières gigantesques, le développement économique est lent. Cette nouvelle richesse a été, dans sa majeure partie, dépensée de manière fastueuse par les familles régnantes tandis que la population des pays arabes, qu'ils soient ou non riches en pétrole, n'y a que fort peu gagné.

Au-delà même des inégalités sociales et de l'inefficacité économique, l'unité politique permettant de rivaliser avec l'Occident manque. L'unité ne s'est faite que sur un seul point : le rejet de l'État d'Israël, que les États arabes considèrent comme imposé à leur région par les Occidentaux. Mais même cette unité a plusieurs fois montré ses limites face à la puissance militaire d'Israël, à sa cohésion nationale dans les moments difficiles et au soutien que les États-Unis lui apportent. Ce n'est que pendant les années 1970, quand la diplomatie arabe utilisa le pétrole comme un instrument pour isoler Israël, que les dirigeants arabes affichèrent leur unité et leur détermination à infléchir la politique occidentale au Proche-Orient.

Au début du XIXe siècle, le dilemme de l'entente avec l'Occident (concilier continuité et modernité) n'est toujours pas résolu. La violence extrême dans laquelle un petit nombre de personnes est tombé a horrifié les Occidentaux. Cette violence est le fait de militants les plus extrémistes du clan du refus de toute relation avec l'Occident. Elle a déjà été condamnée par la grande majorité des dirigeants du Proche-Orient et d'Afrique du Nord, mais uniquement pour des raisons morales. Aller au-delà dans la condamnation n'est pas encore envisageable.

Points chauds au Proche-Orient et en Afrique du Nord 2002

⭐ guerre

⭐ guerre récente *depuis 1990*

⭐ tension récente *depuis 1990*

23 | Les Kurdes

Le peuple kurde est uni par sa géographie, son histoire et son nom. Presque tout le reste le divise. Il n'a jamais possédé un État unifié.

Au début des années 1990, la révolte des Kurdes d'Irak entraîna la fuite d'un million et demi de personnes ainsi qu'une vague d'intérêt en Europe et en Amérique du Nord pour leur condition. Au même moment, les Kurdes de Turquie livraient une longue guerre contre l'État turc. À la fin du millénaire, les grandes puissances avaient stabilisé le nord de l'Irak, mais la guerre civile en Turquie était loin d'être terminée. Aujourd'hui, si la situation des Kurdes est nettement moins l'objet de l'attention internationale, à de nombreux points de vue, elle n'est guère meilleure que lors de la décennie précédente.

Pendant des siècles, les peuples des montagnes du Kurdistan demeurèrent hors de portée des empires qui cherchaient à contrôler la région. Leur isolement forgea un sentiment d'identité commune, malgré de nombreuses différences de langues et de coutumes.

La dernière véritable occasion de création d'un Kurdistan autonome et unifié se présenta à la fin de la Première Guerre mondiale. Au traité de Sèvres signé en 1920, le partage des territoires de l'Empire ottoman démantelé prévoyait la création d'un État-nation kurde lors d'un processus en deux étapes : la partie anatolienne du Kurdistan devait être reconnue immédiatement comme le nouvel État, la partie irakienne devant se prononcer sur son éventuel rattachement en 1922.

Mais, au même moment, la Turquie moderne émergeait sur les ruines de l'Empire ottoman. Le nouveau dirigeant turc, le brillant général Mustafa Kemal, dit Atatürk, refusa de céder la moindre terre au futur État kurde, malgré l'aide fournie par les troupes kurdes lors de sa prise de pouvoir.

La France et la Grande-Bretagne, satisfaites de leurs propres gains territoriaux dans la région, étaient réticentes à l'idée de mettre à mal une paix fragile et devaient affronter des problèmes pressants dans leurs empires coloniaux. Elles reculèrent, et un nouveau traité fut signé en 1923. Cela fait, l'unité du Kurdistan devenait impossible. En 1925, un soulèvement kurde fut écrasé en Turquie, faisant 250 000 morts.

Les hommes politiques kurdes font parfois montre de violentes divisions internes. Depuis les

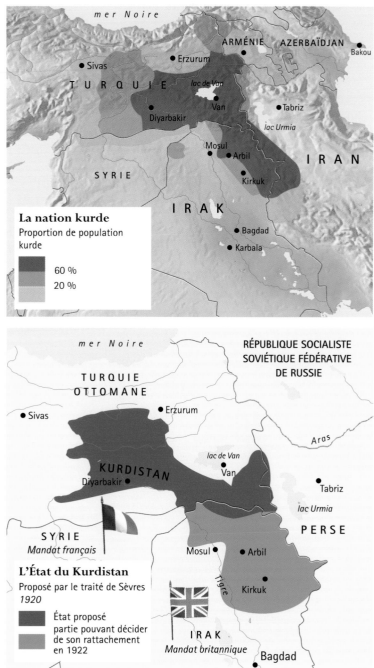

La nation kurde
Proportion de population kurde

- 60 %
- 20 %

L'État du Kurdistan
Proposé par le traité de Sèvres 1920

- État proposé
- partie pouvant décider de son rattachement en 1922

années 1920, les Kurdes ont combattu pour l'indépendance en Irak dans une succession de soulèvements. Jusqu'aux années 1980, chaque soulèvement rencontra une opposition armée de la part de factions kurdes rivales ainsi que de la part des autorités de Bagdad. Dans les années 1990, les groupes kurdes rivaux entrèrent en guerre les uns contre les autres dans le nord de l'Irak. Les forces kurdes irakiennes ont participé aux campagnes militaires turques dans le nord de l'Irak contre un groupe armé, le Parti des travailleurs du Kurdistan turc, le PKK.

La guerre menée par le PKK pour l'autonomie de la région à majorité kurde du sud-est de la Turquie débuta en 1984. Elle était menée par Abdullah Ocalan, qui opérait depuis la Syrie. Durant la guerre, de larges zones furent dépeuplées par l'armée turque pour empêcher un soutien local aux hommes du PKK, qui eux-mêmes tuaient systématiquement les Kurdes qu'ils accusaient de servir l'État turc, comme les instituteurs.

Quand Ocalan perdit le soutien des Syriens en 1998, et avec lui sa terre d'accueil, il dut s'enfuir et demanda l'asile en Italie. Le gouvernement italien refusa d'extrader Ocalan vers la Turquie, où la peine de mort était en vigueur. En janvier 1999, Ocalan disparut pour réapparaître au Kenya, où il fut arrêté le mois suivant alors qu'il quittait l'ambassade de Grèce pour trouver un autre refuge. Il fut ramené en Turquie, jugé et condamné, mais ne fut pas exécuté. Les relations greco-turques en souffrirent, mais elles se rétablirent au milieu de 1999 pour atteindre un niveau d'amitié jamais égalé depuis de nombreuses années.

Dans le même temps, Ocalan

réclama une trêve ; en février 2000, le PKK annonça la fin du conflit, qui avait fait 30 000 victimes.

Malgré des accrochages armés occasionnels, le sud-est de la Turquie est plus paisible en 2002 qu'il ne l'a jamais été lors des vingt années précédentes. Son développement économique le place toujours loin derrière le reste de la Turquie. Le PKK a tenté de se transformer en parti politique (le Congrès pour la liberté et la démocratie au Kurdistan), ce que le gouvernement turc considère comme un changement purement superficiel.

Dans le nord de l'Irak, la guerre ouverte entre les deux principaux groupes kurdes, le Parti démocratique du Kurdistan (PDK) et l'Union patriotique du Kurdistan (UPK) a été remplacée par un statu quo tendu et des assassinats et des bombardements occasionnels. Sous le contrôle de ces groupes et protégée des attaques aériennes irakiennes par la zone d'exclusion aérienne établie en 1991 par la Grande-Bretagne, la France, la Turquie et les États-Unis, la majeure partie du Kurdistan irakien est autonome de fait. Des plans de création d'un Irak fédéral ont été diffusés, avec une composante arabe au sud et une semi-indépendance kurde au nord.

Où vivent les Kurdes ?

2000
En millions

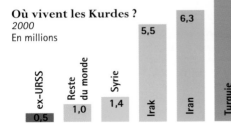

ex-URSS	Reste du monde	Syrie	Irak	Iran	Turquie
0,5	1,0	1,4	5,5	6,3	15,5

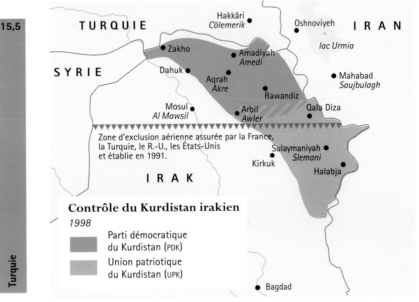

Zone d'exclusion aérienne assurée par la France, la Turquie, le R.-U., les États-Unis et établie en 1991.

Contrôle du Kurdistan irakien

1998

Parti démocratique du Kurdistan (PDK)

Union patriotique du Kurdistan (UPK)

24 | Israël et la Palestine

En 1993, le Premier ministre israélien Yitzhak Rabin et le président de l'OLP Yasser Arafat échangeaient une poignée de mains à la Maison-Blanche. Cette opportunité de paix ne fut que l'une des nombreuses occasions manquées de ce conflit.

Dans son histoire, Israël a livré cinq guerres internationales et a dû faire face à un conflit permanent causé par deux soulèvements majeurs. La première guerre débuta au lendemain de sa création et lui permit d'étendre son territoire. D'autres guerres suivirent, en 1956, 1967, 1973 et 1978. Séparément ou dans leur ensemble, aucune de ces guerres n'a apporté à Israël la paix et la sécurité.

N'ayant pu empêcher la création d'Israël, les États arabes optèrent en 1964 pour sa destruction et soutinrent la création de l'Organisation de libération de la Palestine (OLP). La guerre de 1967 révéla de nouveau leur faiblesse militaire, et la fragilité de leur union apparut en 1970 quand la Jordanie, considérant l'OLP comme une menace, tua plusieurs milliers de Palestiniens et expulsa les autres.

La désunion se fit encore une fois jour après la guerre de 1973. Le président égyptien Sadate opta pour la diplomatie afin de reprendre les territoires perdus en 1967. Il obtint l'accord qu'il recherchait, mais il se trouva isolé au sein du monde arabe, tandis qu'Israël ouvrait un nouveau front au Liban.

Ni les armes, ni même la diplomatie ou l'augmentation des prix du pétrole afin de diminuer le soutien occidental à Israël ne sont parvenues à apporter la paix et la sécurité aux Palestiniens.

Le déséquilibre des forces
Les forces armées israéliennes et palestiniennes, *2002*

Israël : Armée 120 000, plus 400 000 réservistes mobilisables
3 930 chars de combat
5 500 véhicules de transport blindés
1 375 pièces d'artillerie de campagne
6 500 mortiers
446 avions de combat
133 hélicoptères de combat

C'est un simple accident de voiture qui provoqua l'*Intifada*, soulèvement spontané des Palestiniens contre l'occupation et pour l'indépendance, en 1987. Aux pierres et aux cocktails Molotov, Israël répondit par des gaz lacrymogènes, des balles en caoutchouc, des brutalités, des détentions, des déportations, des destructions de maisons et des tirs sur les manifestants. Cette réponse israélienne, baptisée « poing d'acier », ne parvint pas à mettre un terme au soulèvement qui, par ailleurs, mettait plus en danger la réputation d'Israël que son existence.

Aucune des deux parties ne parvenant à

1918 Palestine sous mandat britannique

1947 Israël selon le plan de partition de l'ONU

1949 Israël et les territoires annexés

Guerre de 1967 Israël et les Territoires occupés

1978 Israël se retire du Sinaï

Autorité palestinienne :
Forces paramilitaires : 35 000, en comptant la police, les services de renseignement, les douanes, etc.
45 véhicules de transport blindés
1 avion civil
4 hélicoptères

Groupes palestiniens
1 000 pour le Hamas et le Jihad islamique
plusieurs centaines pour d'autres groupes des Territoires Occupés.
plusieurs milliers en Irak, en Syrie et au Liban

l'emporter, des négociations secrètes commencèrent, sous l'égide du gouvernement norvégien.

L'OLP avait accepté le principe de la reconnaissance d'Israël et de son occupation de 78 % de la Palestine historique en échange de l'indépendance. Le processus d'Oslo ajourna délibérément les questions les plus difficiles et tenta de ne pas briser l'élan de paix. Arafat retourna dans les Territoires occupés, l'Autorité palestinienne y fut installée, des élections furent tenues, et certaines terres passèrent sous contrôle palestinien.

Mais la corruption gangrena l'Autorité palestinienne, Israël ne fit rien pour favoriser le développement économique des Territoires occupés, au contraire, et la violence continua. Début 1996, un dirigeant haut placé du Hamas fut tué par l'explosion de son téléphone portable. Le Hamas considéra les services israéliens comme responsables et répondit par des attentats-suicides. Dans ce climat tendu, Benyamin Netanyahou, opposant au processus d'Oslo, fut élu Premier ministre d'Israël. Les négociations continuèrent, sans aucun résultat.

En juillet 2000, Israël fit une offre territoriale, extrêmement généreuse selon le gouvernement, peut-être même trop généreuse pour être approuvée par l'opinion publique israélienne. Mais, pour les négociateurs palestiniens, cette offre restait loin du minimum acceptable. Les dernières négociations cessèrent en janvier 2001.

En septembre 2001, Ariel Sharon effectua une promenade abondamment médiatisée sur l'esplanade des Mosquées (ou mont du Temple), révérée à la fois par les juifs comme le site du premier et du deuxième temple et par les musulmans comme l'endroit où le prophète Mahomet effectua son ascension. Les Palestiniens considérèrent la visite de Sharon comme une provocation délibérée : elle déclencha la seconde *Intifada*.

Des deux côtés, les méthodes de la seconde *Intifada* ont été plus violentes que celles de la première, particulièrement après l'élection de

Sharon comme Premier ministre israélien : attentats-suicides et tirs sur des véhicules pour les Palestiniens ; attaques à la roquette, assassinats ciblés et offensives de blindés pour Israël. À la mi-2002, ces attaques avaient détruit la plus grande partie de l'infrastructure administrative de l'Autorité palestinienne, ainsi que sa capacité à exercer l'autorité. L'État d'Israël a ensuite entrepris l'érection d'un véritable mur le séparant de la Cisjordanie, mais qui n'empêchera pas les individus de passer.

Rien ne prouve que ces méthodes permettront de renforcer la paix et la sécurité des personnes, qu'elles vivent en Israël, à Gaza ou en Cisjordanie.

Israël, contrôle du territoire en 2001, avant la re-occupation israélienne

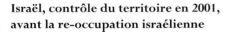
Israël
zones entièrement sous contrôle palestinien
zones sous administration palestinienne et sous contrôle israélien
zones occupées sous contrôle israélien

1982 Israël envahit le Liban. L'OLP doit quitter Beyrouth pour Tunis.

1987 *Intifada* : soulèvement palestinien lancé le 8 décembre contre l'occupation israélienne.

1988 L'OLP reconnaît la souveraineté d'Israël sur son territoire (78 % de la Palestine historique) et déclare l'indépendance d'un État palestinien.

1990 Après l'effondrement de l'URSS, les migrations russes vers Israël s'accélèrent : 187 000 immigrants en un an — chiffre le plus élevé de l'histoire d'Israël.

1991 Le soutien de l'OLP à l'Irak durant la guerre du Golfe entraîne l'expulsion des Palestiniens du Koweït. 370 000 rentrent en Jordanie et dans les Territoires occupés.

1993 Processus d'Oslo : des pourparlers secrets aboutissent à une déclaration de principes pour la paix signée par l'OLP et Israël.

1994 Yasser Arafat rentre dans les Territoires occupés. Israël et la Jordanie signent un traité de paix. Prix Nobel de la paix décerné à Yasser Arafat, au Premier ministre israélien Yitzhak Rabin et au ministre des Affaires étrangères Shimon Peres. Le colon israélien Baruch Goldstein assassine 29 fidèles palestiniens dans la mosquée d'Hébron.

1995 Nouvel accord de paix entre l'OLP et Israël. Rabin est assassiné par un extrémiste israélien.

1996 Arafat élu président de l'Autorité palestinienne. Élections israéliennes remportées par Benyamin Netanyahou. Construction de nouvelles colonies dans les territoires occupés.

1998 Mémorandum de Wye River, signé par Arafat et Netanyahou, prévoyant l'application des accords antérieurs : jamais mis en œuvre.

2000 Israël se retire du Liban-Sud. Juillet : échec des négociations entre Israël et l'OLP. Septembre : seconde *Intifada*.

2001 Ariel Sharon élu Premier ministre.

2002 Israël réoccupe la Cisjordanie.

Israéliens et Palestiniens

L'eau
Consommation quotidienne moyenne par personne

Palestiniens
60 litres

Israéliens
350 litres

Après avoir occupé la Cisjordanie en 1967, Israël s'y déclara propriétaire de toutes les ressources en eau et institua un système strict d'autorisations pour la construction de nouveaux puits et aqueducs. Depuis 1982, la consommation des Israéliens a asséché les sources palestiniennes. Israël rechigne à donner son accord aux projets permettant aux Palestiniens d'accéder à l'eau, limite la quantité d'eau qu'ils consomment et ne cache pas que les colonies juives des Territoires occupés reçoivent bien plus d'eau que leurs habitants palestiniens.

Lors des deux premières années de la seconde *Intifada*, plus de 1 600 Palestiniens et 550 Israéliens ont été tués. Les Israéliens ont vécu dans la peur constante de nouveaux attentats-suicides dans des lieux publics ; les Palestiniens ont subi des nuits de bombardements, des couvre-feux de plusieurs semaines et d'interminables fouilles dans leurs maisons ou aux points de contrôle. La vie quotidienne elle-même est devenue plus difficile. Les Israéliens ont vu leurs impôts augmenter, et les hommes en âge de servir ont été appelés sous les drapeaux, tandis que les Palestiniens ont dû faire face à de sévères restrictions en nourriture, eau et médicaments. On estime que 2 millions de Palestiniens reçoivent leur nourriture d'organisations humanitaires.

Près de 1 million de Palestiniens vivent en Israël et en sont citoyens. Ils peuvent voter, mais ont des droits de propriété limités. Près de 175 000 ont vu leurs propriétés confisquées. Ils vivent dans des enclaves où le taux de chômage est de 66 % plus élevé que le taux moyen israélien. Lorsque la nouvelle *Intifada* débuta dans les Territoires occupés, les zones palestiniennes en Israël s'agitèrent. Les autorités israéliennes mirent fin aux troubles au prix de 13 morts palestiniens et de nombreux blessés. Selon les estimations actuelles, le pourcentage de Palestiniens dans la population d'Israël va plus que doubler dans les cinquante prochaines années, jusqu'à atteindre 30 %.

Hors des frontières d'Israël, les Palestiniens constituent le plus grand groupe de réfugiés du monde actuel. La première vague de départs eut lieu après la création d'Israël en 1948, provoquant l'exil de plus de 80 % des Palestiniens. La seconde vague se produisit en 1967, lorsque la Cisjordanie et Gaza furent conquises par Israël. La population des réfugiés palestiniens, forte de 3,8 millions de personnes, augmente d'environ 3 % par an.

L'État d'Israël rejette le « droit au retour » pour les réfugiés et les personnes déplacées. Il entend résoudre la question par l'installation des réfugiés dans des pays arabes, l'amélioration de leurs conditions de vie par des organisations internationales et des réadmissions limitées. L'OLP, de son côté, exige le droit au retour sans réserve pour les réfugiés palestiniens de 1948.

Séparés par une clôture

● villes palestiniennes

▲ colonies israéliennes

—— clôture de sécurité

2002 Israël a commencé la construction d'un mur séparant les Territoires occupés de Cisjordanie d'Israël.

L'équilibre des populations
Israël et les Territoires occupés

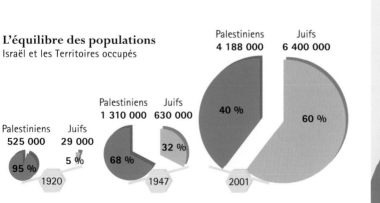

Palestiniens
525 000

Juifs
29 000

95 %

5 %

1920

Palestiniens
1 310 000

Juifs
630 000

68 %

32 %

1947

Palestiniens
4 188 000

Juifs
6 400 000

40 %

60 %

2001

Umm el Fahm
Salem
Barta'a
Jenin
Naziat Issa
Baka as-Sharqiyeh
Tulkarem
Kalkilya
Naplouse
CISJORDANIE
Jourdain
ISRAËL
Ramallah
JORDANIE
Jéricho
Jérusalem
mer Morte

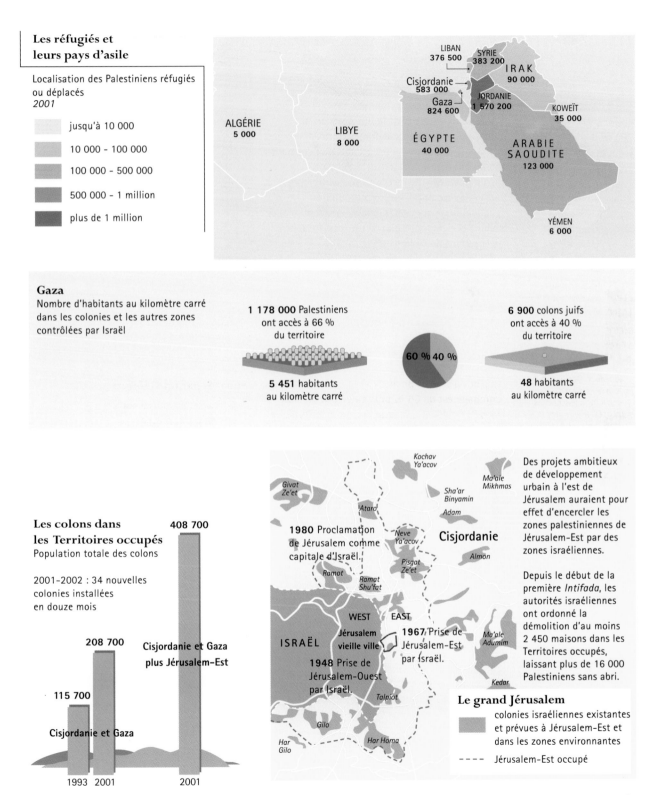

Les réfugiés et leurs pays d'asile

Localisation des Palestiniens réfugiés ou déplacés
2001

- jusqu'à 10 000
- 10 000 - 100 000
- 100 000 - 500 000
- 500 000 - 1 million
- plus de 1 million

ALGÉRIE
5 000

LIBYE
8 000

ÉGYPTE
40 000

LIBAN
376 500

SYRIE
383 200

IRAK
90 000

Cisjordanie
583 000

JORDANIE
1 570 200

Gaza
824 600

KOWEÏT
35 000

ARABIE SAOUDITE
123 000

YÉMEN
6 000

Gaza

Nombre d'habitants au kilomètre carré dans les colonies et les autres zones contrôlées par Israël

1 178 000 Palestiniens ont accès à 66 % du territoire

60 % 40 %

6 900 colons juifs ont accès à 40 % du territoire

5 451 habitants au kilomètre carré

48 habitants au kilomètre carré

Les colons dans les Territoires occupés
Population totale des colons

2001-2002 : 34 nouvelles colonies installées en douze mois

408 700

208 700

115 700

Cisjordanie et Gaza plus Jérusalem-Est

Cisjordanie et Gaza

1993   2001   2001

Kochav Ya'acov

Givat Ze'et

Ataro

1980 Proclamation de Jérusalem comme capitale d'Israël.

Ramot

Ramat Shu'fat

WEST   EAST

ISRAËL

Jérusalem vieille ville

1948 Prise de Jérusalem-Ouest par Israël.

Sha'ar Binyamin

Adam

Neve Ya'acov

Pisgat Ze'et

Cisjordanie

Almon

1967 Prise de Jérusalem-Est par Israël.

Ma'ale Mikhmas

Ma'ale Adumim

Kedar

Talpiot

Gilo

Har Gilo

Har Homa

Des projets ambitieux de développement urbain à l'est de Jérusalem auraient pour effet d'encercler les zones palestiniennes de Jérusalem-Est par des zones israéliennes.

Depuis le début de la première *Intifada*, les autorités israéliennes ont ordonné la démolition d'au moins 2 450 maisons dans les Territoires occupés, laissant plus de 16 000 Palestiniens sans abri.

Le grand Jérusalem

- colonies israéliennes existantes et prévues à Jérusalem-Est et dans les zones environnantes
- ---- Jérusalem-Est occupé

26 | L'Afrique du Nord

Colonisés par les puissances européennes au XIXᵉ et au début du XXᵉ siècle, les pays d'Afrique du Nord ont obtenu leur indépendance dans les années 1950 (1962 pour l'Algérie). Comme c'est le cas pour de nombreuses autres ex-colonies, l'indépendance n'a pas résolu tous les problèmes que ces pays devaient affronter. D'autres défis du développement (essor économique, libertés individuelles, opportunités croissantes d'éducation et d'enseignement, gouvernements stables et démocratiques) n'ont pas été relevés avec autant de succès.

Algérie

1962 L'Algérie obtient son indépendance après une guerre de huit ans ayant fait 500 000 victimes.
1986 La hausse du chômage et l'inflation galopante, aggravées par l'effondrement des prix du pétrole et du gaz, provoquent une série de grèves et de manifestations violentes.
1989 Le Front islamique du salut (FIS) est créé, remportant 55 % des suffrages aux élections locales l'année suivante.
1991 Le FIS appelle à la grève générale pour contrer les plans gouvernementaux de modification du système électoral. Le FIS remporte le premier tour des élections. Les combats commencent, l'état d'urgence est déclaré.
1992 La pression des militaires entraîne un changement de gouvernement et la suspension des élections. Le FIS est interdit, le Groupe islamique armé (GIA) émerge et la guerre ouverte commence.
1995 Bien que considérablement affaiblie par le GIA, l'armée rejette une initiative de paix proposée par des médiateurs de la communauté romaine de Sant'Egidio, se réorganise et lance la « guerre totale ». En 1997, une partie de l'opposition armée est prête à proclamer un cessez-le-feu, mais le GIA continue le combat. Les massacres de civils commencent à devenir une caractéristique de la guerre.
1999 Abdelaziz Bouteflika est élu président sur un programme de concorde civile, offrant l'amnistie aux combattants de l'opposition. La violence diminue.
2000 Nouvelle escalade de la violence après la date butoir de l'amnistie. Les espoirs de paix diminuent, et les élections au Parlement enregistrent un taux d'abstention dépassant 50 % des inscrits.

Maroc

1956 Indépendance. Monarchie dirigée par le roi Mohammed V, puis par son fils Hassan II.
1975 Pour donner du poids à ses prétentions sur le Sahara occidental (alors espagnol), et malgré les conclusions de l'ONU sur le désir d'indépendance des Sahraouis, Hassan II organise une marche de 200 000 volontaires désarmés à travers la frontière. Évitant la confrontation, l'Espagne abandonne le territoire, et ses dernières troupes partent en 1976. La lutte armée pour l'indépendance est lancée par le Front populaire de libération de Saguia el-Hamra et Rio de Oro (Front Polisario), activement soutenu par l'Algérie puis par la Libye.
Fin des années 1980 Le Front Polisario est dominé militairement et diplomatiquement en raison de l'amélioration des relations entre le Maroc et l'Algérie, qui conduit cette dernière à amoindrir son soutien au Front Polisario.
1991 Une résolution de l'ONU appelle à un référendum d'autodétermination pour le Sahara occidental. Les combats cessent, mais des disputes suivent à propos des listes électorales. Dix ans plus tard, le référendum n'a toujours pas eu lieu.
1999 Le roi Hassan II meurt. Son fils Mohammed VI lui succède.
2002 Le Maroc et l'Espagne s'affrontent militairement à propos de l'îlot inhabité de Persil, situé à 200 mètres des côtes marocaines. Le reste du monde s'en amuse.

5,4

M A R O C

1975–1981 Guerre contre l'indépendance du Sahara occidental

6,5

A L G É R I E

1954–1962 Guerre d'indépendance
1992 Poursuite de la guerre civile

SAHARA OCCIDENTAL

1975–1981 Guerre d'indépendance

Systèmes de gouvernement, *2001*

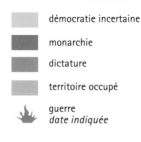

- démocratie incertaine
- monarchie
- dictature
- territoire occupé
- guerre
  date indiquée

Degré de liberté, *2001*

pas de liberté   liberté partielle

Dans le système en 7 points employé par l'association Freedom House pour mesurer les droits civiques d'une part et les libertés politiques d'autre part, une note de 1 à 2,5 signifie que le pays peut être considéré comme « libre », de 3 à 5,5 comme « partiellement libre », au-delà de 5,5 comme « non libre ».

Égypte

1952 Gamal Nasser dirige un coup d'État nationaliste et militaire contre le roi probritannique.

1954 Nasser nationalise le canal de Suez.

1956 Une intervention britannique et française secrètement coordonnée avec Israël ne parvient pas à reprendre le canal, notamment en raison des pressions américaines.

1967 Guerre des Six-Jours. Une attaque préventive israélienne détruit en une journée les forces aériennes égyptiennes et prend le contrôle de la péninsule du Sinaï.

1970 Mort de Nasser. Anouar el-Sadate lui succède.

1973 Tentative infructueuse de reprendre les territoires perdus. Sadate opte pour des méthodes diplomatiques, qui débouchent en 1978 sur un accord de paix avec Israël, sous l'égide des États-Unis, démilitarisant le Sinaï et le rendant à l'Égypte.

1981 Sadate est assassiné. Hosni Moubarak lui succède au poste de président. Sa diplomatie permet à l'Égypte de réintégrer la Ligue arabe en 1989.

1991 L'Égypte soutient la guerre contre l'Irak. La moitié de sa dette de 20 milliards de dollars est effacée.

1992 La Gamaa al-Islamiya et d'autres groupes terroristes déclenchent un conflit armé, attaquant des touristes, des responsables du gouvernement, des chrétiens coptes et des femmes non voilées. En un an, le revenu provenant du tourisme chute de plus de 40 %.

1993 Attentat à la bombe sur le World Trade Center à New York, attribué directement au cheik Omar Abdelrahman, dirigeant de la Gamaa al-Islamiya.

1997 Massacre à Louxor par la Gamaa al-Islamiya : 62 morts, 24 blessés. Selon le groupe, l'attaque visait à obtenir la libération du cheik Abdelrahman. Ce massacre est le dernier acte de violence majeur du conflit[1].

1. En 2002, le responsable de la Gamaa a condamné les attentats du 11 septembre 2001, déclaré que la Gamaa abandonnait le *jihad* pour la prédication, s'est excusé auprès des victimes des attentats et a proposé de les indemniser.

Tunisie

1956 La Tunisie devient une monarchie indépendante.

1957 La république est proclamée sous l'égide du président Habib Bourguiba, chef de la lutte pour l'indépendance depuis 1934.

1982 Après leur expulsion du Liban, le président Yasser Arafat et plusieurs centaines de membres de l'OLP sont accueillis à Tunis, où ils établissent leur nouveau QG, détruit par un raid aérien israélien en 1985.

1984–1985 Troubles et instabilité provoqués par l'augmentation des prix et la fragilité économique. Tensions frontalières et accrochages avec la Libye. Influence grandissante de groupes politiques islamistes.

1987 Bourguiba est déclaré médicalement incapable de gouverner et remplacé par Zine el-Abidine Ben Ali.

1989 Premières élections libres depuis 1956 : le parti de Ben Ali remporte tous les sièges au Parlement. Des mesures énergiques contre les groupes islamistes suivent en 1990.

1990–1991 Ben Ali s'oppose à la fois à l'invasion irakienne du Koweït et à l'offensive menée par les États-Unis contre l'Irak.

1999 Ben Ali est réélu président pour un troisième mandat de cinq ans, avec 99 % des suffrages exprimés.

Libye

1951 Indépendance : possession italienne depuis 1911, la Libye était passée sous contrôle franco-britannique après la Seconde Guerre mondiale.

1969 Un coup d'État militaire dirigé par le colonel Kadhafi renverse la monarchie. La politique étrangère radicale de Kadhafi entraîne des confrontations militaires répétées avec les États-Unis.

1986 Une bombe placée dans une discothèque à Berlin tue trois personnes (deux soldats américains et une Turque) et en blesse 200. Dix jours plus tard, utilisant l'attentat de Berlin comme prétexte, les États-Unis bombardent des installations militaires et d'autres cibles en Libye, dont la résidence de Kadhafi, tuant 30 personnes.

1988 Un avion long-courrier américain explose au-dessus de Lockerbie, en Écosse, tuant 270 personnes. Les États-Unis et la Grande-Bretagne accusent deux Libyens d'être responsables et demandent à ce qu'ils soient jugés aux États-Unis ou en Écosse.

1990–1991 Kadhafi s'oppose à la fois à l'invasion irakienne du Koweït et à l'offensive menée par les États-Unis contre l'Irak.

1992 Des sanctions de l'ONU frappent la Libye pour avoir refusé d'extrader deux fonctionnaires du gouvernement afin qu'ils soient jugés dans l'affaire de Lockerbie.

1999 Les deux suspects sont remis aux autorités de l'ONU pour être jugés selon la loi écossaise sur une base militaire des Pays-Bas. Les sanctions de l'ONU contre la Libye sont suspendues, mais pas officiellement levées.

2001 Le procès de Lockerbie se termine par la condamnation d'un des accusés et l'acquittement de l'autre. Le procès de la discothèque de Berlin se termine par la condamnation de quatre accusés (deux Allemands, un Palestinien et un Libyen) et l'acquittement du cinquième.

2002 La Libye offre 2,7 millions de dollars de compensation aux familles des victimes de Lockerbie.

6,5

T U N I S I E

7,7

L I B Y E

1995–1997 Guerre civile

6,5

É G Y P T E

1948 Contre Israël
1956 Contre Israël, Grande-Bretagne, France
1967 Contre Israël
1973 Contre Israël
1992–1997 Guerre civile

La région du Golfe

La politique de la région du Golfe est façonnée par le pétrole, par l'incapacité globale de la démocratie à y prendre racine, par la persistance de quelques régimes particulièrement durs et par des rivalités entre les puissances régionales.

Le besoin en pétrole a conduit les États-Unis et l'Occident en général à commercer avec des régimes autocratiques, à leur vendre des armes et à les soutenir politiquement.

En 1990, l'Irak franchit la limite du tolérable. Mais ni les tortures et exécutions sommaires perpétrées sur les opposants au régime, ni les armes chimiques utilisées contre les villages kurdes et les forces iraniennes, ni le développement d'armes de destruction massive n'étaient en question. Tout cela inquiétait les capitales occidentales, mais restait insuffisant pour entraîner des sanctions, un isolement ou une guerre. L'Irak a franchi une limite en envahissant le Koweït, menaçant ainsi les réserves mondiales de pétrole.

Depuis la guerre du Golfe en 1990-1991, l'Irak est devenu un État paria. Pendant un temps, les équipes d'inspecteurs de l'ONU ont démantelé les installations irakiennes de production d'armes de longue portée et de destruction de masse. Reste à savoir si ces équipes ont pu ou non réaliser un travail exhaustif, puisqu'elles furent expulsées en 1998.

Durant les années 1990, l'Iran fut lui aussi isolé, dans une à peine moindre mesure, en raison d'une politique étrangère militante alliant rhétorique antiaméricaine et soutien aux combattants anti-israéliens au Liban, et à cause de son refus de désavouer la sentence de mort prononcée sans jugement contre un écrivain étranger par l'ayatollah Khomeyni. Chose curieuse, ce n'est que lorsque le militantisme en politique étrangère se radoucit et qu'il y eut des signes de réformes politiques au sein du pays que le président des États-Unis considéra officiellement l'Iran comme membre de l'« axe du Mal ».

À la suite des attaques sur New York et le Pentagone le 11 septembre 2001, l'administration américaine désigna la question de l'Irak comme le problème à régler juste après al Qaida, considérée comme responsable des attentats. Des plans de bataille furent établis (et divulgués à la presse en 2002), avant même qu'aient été présentées les preuves d'un lien entre l'Irak et al Qaida ou de la possession par l'Irak d'armes de destruction de masse.

Alors que les Américains avancent dans leurs préparatifs, les autres États arabes de la région se montrent peu enclins à soutenir une nouvelle offensive contre l'Irak. Depuis la première guerre du Golfe, la présence des forces américaines en Arabie saoudite, pays qui

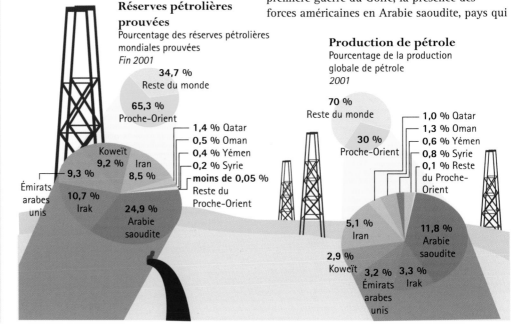

Réserves pétrolières prouvées
Pourcentage des réserves pétrolières mondiales prouvées
Fin 2001

34,7 % Reste du monde

65,3 % Proche-Orient

1,4 % Qatar
0,5 % Oman
0,4 % Yémen
0,2 % Syrie
moins de 0,05 % Reste du Proche-Orient

Koweït **9,2 %**　Iran **8,5 %**
Émirats arabes unis **9,3 %**
10,7 % Irak
24,9 % Arabie saoudite

Production de pétrole
Pourcentage de la production globale de pétrole
2001

70 % Reste du monde

30 % Proche-Orient

1,0 % Qatar
1,3 % Oman
0,6 % Yémen
0,8 % Syrie
0,1 % Reste du Proche-Orient

5,1 % Iran
2,9 % Koweït
3,2 % Émirats arabes unis
3,3 % Irak
11,8 % Arabie saoudite

a vu naître l'Islam, a été régulièrement et violemment critiquée par Oussama Ben Laden dans ses diatribes contre la décadence du monde arabe. Une grande partie de l'opinion publique musulmane est également indignée par la présence américaine en cet endroit.

Mi-2002, les relations entre l'Irak et le reste du monde arabe étaient plus cordiales que jamais depuis 1989. On pouvait également observer les premiers signes d'un rapprochement entre l'Iran et Irak, chacun tentant de rompre son isolement. Et on commençait à s'inquiéter sur les marchés mondiaux des effets d'une guerre sur le cours du pétrole.

Peu d'observateurs doutent de la capacité américaine à remporter une seconde guerre du Golfe, mais de nombreuses questions restent posées quant à savoir si elle serait justifiée ou judicieuse.

En novembre 2002, le Conseil de sécurité de l'ONU a voté la reprise des inspections d'armes et le désarmement de l'Irak, avec de graves conséquences pour l'Irak en cas de nouvelles dissimulations, puisque les Américains poursuivent leurs préparatifs de guerre. Dans le même temps, les autres États manœuvrent pour être en mesure de se partager le pétrole irakien après la guerre.

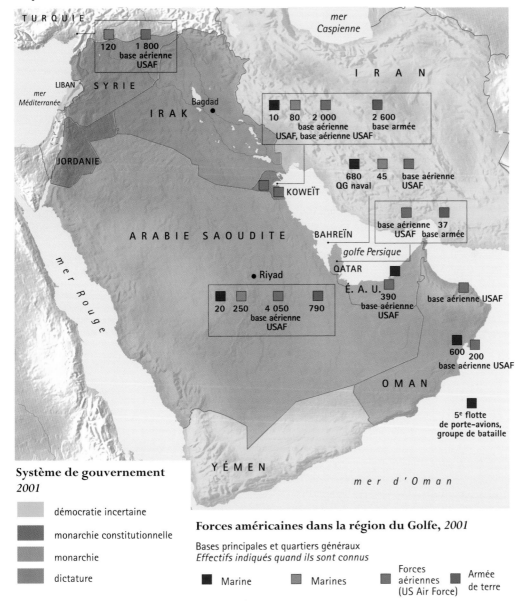

Système de gouvernement
2001

- démocratie incertaine
- monarchie constitutionnelle
- monarchie
- dictature

Forces américaines dans la région du Golfe, *2001*

Bases principales et quartiers généraux
Effectifs indiqués quand ils sont connus

- Marine
- Marines
- Forces aériennes (US Air Force)
- Armée de terre

CHAPITRE SIX

L'Asie

L'ASIE COMPORTE PLUSIEURS SOUS-RÉGIONS distinctes économiquement et politiquement. Il existe entre elles de profondes différences dans les modes de gouvernement (de la monarchie à la démocratie en passant par les États communistes), ainsi que dans leur degré de développement économique et leurs expériences récentes de paix et de guerre.

S'il est une caractéristique commune aux guerres en Asie, c'est leur longévité. Certaines guerres se sont terminées rapidement, mais de nombreuses autres durent depuis des décennies. Ainsi, si les cartes de l'Europe et du Proche-Orient qui ouvrent les chapitres 4 et 5 ne nous montrent que peu de guerres en cours, la carte de l'Asie en affiche un grand nombre, dont fort peu sont terminées.

Une des raisons en est l'attitude des gouvernements birman, indien ou indonésien, à ne pas vouloir considérer leurs troubles internes comme des guerres, dans lesquelles il est possible, en théorie, de négocier avec un adversaire. Quand une guerre ne peut être gagnée, par l'une ou l'autre partie, elle doit prendre fin par une négociation, ce qui implique un certain degré de reconnaissance mutuelle. Mais ce minimum de reconnaissance a souvent fait défaut aux dirigeants d'Asie du Sud et du Sud-Est.

Des guerres civiles ont déchiré la Chine pendant la première moitié du XXᵉ siècle et se sont soldées par la victoire des communistes en 1949. L'absorption du Tibet par la Chine est le seul conflit majeur qu'ait connu la Chine depuis 1950 à l'intérieur de ses frontières autoproclamées. On assiste également à des explosions de violence dans la province occidentale du Xinjiang. La Chine a combattu l'Inde et le Viêt-nam et demeure impliquée dans des querelles portant sur des îles et récifs de la mer de Chine. En comparaison des cinquante premières années du XXᵉ siècle, l'État le plus peuplé du monde a presque vécu en paix, mais sous la houlette d'un régime autoritaire. Dans une perspective historique longue, on constate que ces périodes alternent avec d'autres marquées du sceau de la guerre civile. Grâce à une économie dynamique, une diplomatie de plus en plus active et des forces armées qui se modernisent rapidement, la Chine est devenue une puissance de premier ordre.

Mais on peut légitimement se demander si cette paix interne peut durer. Le développement économique de ces deux dernières décennies a certes été spectaculaire, mais il a eu un prix : il a saccagé l'environnement et, comme certains désastres urbains nous l'ont montré, a fait des dégâts sociaux et permis à quelques entrepreneurs peu scrupuleux de faire fi des lois et des règlements. Bien qu'un seul groupe ethnique (les Han) constitue à lui seul 90 % de la population, l'unité nationale chinoise est un leurre. Il existe de grandes différences régionales, culturelles et linguistiques parmi les Han, de grandes disparités sociales, et un fossé sépare les populations urbaines et rurales.

L'appareil étatique chinois est colossal, efficace, et sait se montrer impitoyable. Mais des problèmes et des tensions depuis trop longtemps réprimés pourraient exploser aussi brutalement qu'en ex-URSS. Pour la Chine comme pour ses voisins, les conséquences d'une telle explosion sont impossibles à prévoir.

océan Arctique

Points chauds
en Asie 2002

guerre

guerre récente
depuis 1990

tension récente
depuis 1990

Corée du Nord 2002
Programme intensif de
développement d'armes
nucléaires confirmé.

RUSSIE

KAZAKHSTAN

MONGOLIE

CORÉE
DU NORD   JAPON

OUZBÉKISTAN

TURKMÉNISTAN

KIRGHIZISTAN

TADJIKISTAN

CORÉE
DU SUD

AFGHANISTAN

CHINE

océan
Pacifique

PAKISTAN

NÉPAL

BHOUTAN

TAÏWAN

INDE

BANGLADESH

mer d'Arabie

BIRMANIE

LAOS

mer de Chine
du Sud

THAÏLANDE

CAMBODGE   VIÊT-NAM

PHILIPPINES

îles
Spratly

SRI LANKA

BRUNEI

PAPOUASIE-
NOUVELLE-
GUINÉE

MALAISIE

SINGAPOUR

INDONÉSIE

TIMOR-ORIENTAL

soulèvement en Papouasie
occidentale.
1965 Deuxième guerre du
Cachemire : Inde contre
Pakistan.
1967-68 Chine : Révolution
culturelle.
1969- Inde : guérilla des
naxalites (maoïstes)
1969- Philippines :
soulèvement communiste et
guerre civile.
1970-98 Cambodge : guerre
civile.
1971 Pakistan : sécession du
Bangladesh appuyé par
l'Inde.
1971 Sri Lanka :
soulèvement nationaliste.
1973-77 Pakistan : guerre
civile au Baloutchistan.
1973-97 Bangladesh :
soulèvement dans les
collines de Chittagong.
1974 Philippines :
soulèvements à Mindanao.
1975-99 Timor-Oriental :

guerre d'indépendance
contre l'Indonésie.
1975-79 Guerre entre le
Viêt-nam et le Cambodge.
1975-90 Laos : guerre
civile.
1978-97 Inde :
soulèvement du Nagaland.
1978- Afghanistan : guerre
civile (avec intervention
soviétique 1979-89 puis des
É.-U. et leurs alliés, 2001-).
1979 Guerre sino-
vietnamienne.
1981-93 Inde :
soulèvement au Pendjab.
1982- Inde-Pakistan :
guerre frontalière au
Cachemire.

1983-90 Sri Lanka :
soulèvement nationaliste.
1983- Sri Lanka :
soulèvement tamoul et
guerre civile.
1985-87 Guerre frontalière
sino-vietnamienne.
1987- Inde : soulèvement en
Assam.
1988-97 Papouasie-
Nouvelle-Guinée :
soulèvement à Bougainville.
1989- Indonésie :

soulèvement à Aceh.
1990- Inde : soulèvement
au Cachemire.
1991-92 Birmanie :
soulèvement démocratique.
1991- Inde : soulèvement
à Manipur.
1992-94 Birmanie :
soulèvement d'Arakan.
1992-98 Tadjikistan : guerre
civile.
1992- Birmanie :
soulèvement Kayah.

1992- Pakistan : violence
sectaire à Sind.
1993- Inde : soulèvement à
Tripura.
1994- Philippines :
soulèvement à Mindanao
1996- Pakistan : conflit
armé au Pendjab.
1997- Népal : guerre civile.
1999- Indonésie : violence
sectaire aux îles Moluques.
1999- Ouzbékistan : guerre
civile.

28 | L'Asie centrale

Les cinq États d'Asie centrale, dont les frontières ont été fixées à Moscou aux débuts de l'URSS, comprennent plus de 100 nationalités et groupes ethniques. Bien que chaque république porte le nom d'une nation, leurs frontières ne correspondent pas à celles qui délimitent les zones où vivent les principales nationalités. Faute de mieux, ces républiques devinrent des États indépendants après l'éclatement de l'URSS en 1991.

Il n'existait pas de poussée indépendantiste en Asie centrale avant le démantèlement de l'URSS. Les élites politiques n'y étaient pas préparées. Elles ne possédaient aucune expérience de la démocratie, de sa culture et de ses institutions. Depuis l'indépendance, les avancées démocratiques sont modestes et le développement économique est incertain.

Le Kazakhstan a l'avantage de posséder d'importants gisements de pétrole. Mais ceux-ci représentent moins de 1 % des réserves mondiales et 1 % de la production annuelle. La richesse pétrolière du pays devra être utilisée avec discernement pour constituer la base d'un développement économique réussi.

Le Tadjikistan a immédiatement sombré dans la guerre civile. Son gouvernement fait face à une coalition de groupes se disant islamistes ou démocratiques. Mais la plupart des analystes ne voient pas de motif clair de conflit idéologique, ethnique ou religieux. Cette guerre ne serait en fait qu'une lutte entre chefs de différentes régions voulant contrôler les ressources du pays. L'instabilité du Tadjikistan non seulement contribua à celle de l'Afghanistan voisin, mais fut encore aggravée par les événements qui s'y produisirent. De grandes étendues du Tadjikistan oriental échappent actuellement au contrôle du gouvernement.

En Ouzbékistan, les lignes de fractures sont plus clairement dessinées, et les nombreuses années de répression brutale à l'encontre des politiciens islamistes ont débouché en 1999 sur un conflit armé. Le Mouvement islamique d'Ouzbékistan (MIO) possède des bases en Afghanistan et au Tadjikistan, et combat surtout au Kirghizistan. Les gouvernements kirghiz, tadjik et ouzbek espéraient que l'installation de bases aériennes américaines et alliées chez eux lors des opérations de 2001-2002 en Afghanistan entraînerait une aide de l'Occident. Ils pensaient que cela contribuerait ensuite à affirmer leur stabilité, tandis que la prévisible victoire américaine en Afghanistan pourrait porter un coup décisif au MIO. Mais l'équilibre sur le long terme doit s'appuyer sur une démocratie et un développement stables, et non sur des troupes étrangères qui, si elles restent, constitueront des cibles tentantes pour le MIO et une occasion de diatribes enflammées pour les chefs de l'opposition.

La vallée de Fergana (qui s'étend sur trois États et dont la population multiethnique atteint les 5 millions) est source d'inquiétudes depuis une décennie. En 1989 et 1990, des heurts violents entre groupes ethniques semblèrent annoncer un conflit plus grave. Durant la première décennie après l'indépendance, l'explosion ne s'est pas produite, mais le risque de pénurie en eau pourrait déclencher un conflit portant sur l'accès à cette ressource vitale. Des efforts de pacification devront améliorer la coopération entre les trois États sur cette question.

Voisine des cinq États d'Asie centrale et partie prenante de la stratégie régionale, se trouve la province chinoise du Xinjiang où, dans la quasi-indifférence occidentale, le peuple ouïgour se bat pour sa survie culturelle. Les déplacements de population ont multiplié par sept la proportion de Hans (groupe ethnique majoritaire en Chine) en cinquante ans.

Chez certains groupes de militants, la lutte pour la sauvegarde de l'identité ouïgour se traduit par une violente campagne indépendantiste. Des Ouïgour ont été identifiés parmi les forces d'al Qaida en Afghanistan ainsi que dans des écoles religieuses au Pakistan, mais il n'existe aucune preuve concluante de l'existence d'un large courant d'islamisme militant au Xinjiang, pas plus qu'il n'existe de preuve de la présence d'al Qaida ou du MIO en Chine.

Avant que les États-Unis ne déclarent leur guerre globale contre le terrorisme, la Chine déclara une guerre régionale contre l'islamisme radical. L'Organisation de coopération de Shanghai (qui réunit Chine, Kazakhstan, Kirghizistan, Russie, Tadjikistan et Ouzbékistan) a mis en place un centre de coordination antiterroriste à Bichkek, capitale du Kirghizistan.

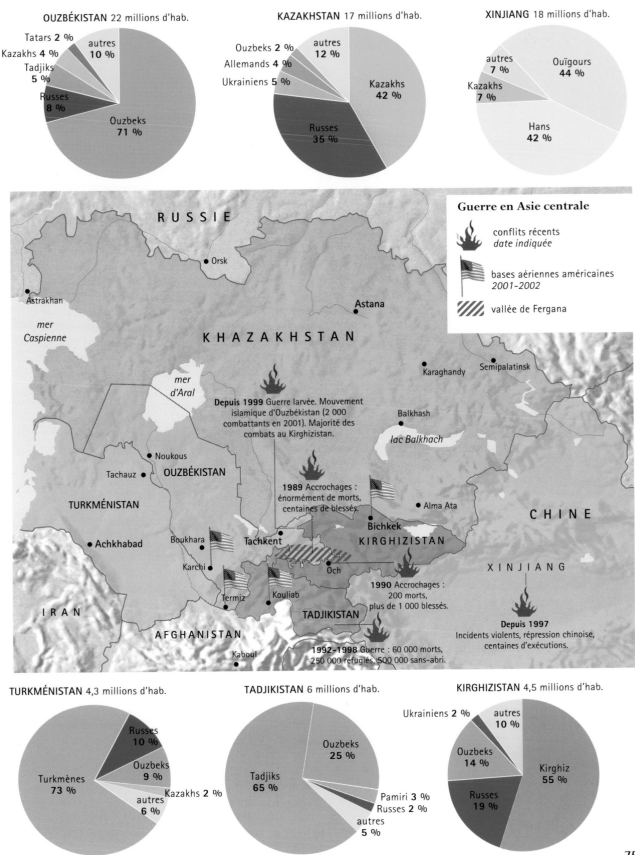

OUZBÉKISTAN 22 millions d'hab.

Tatars **2 %**
Kazakhs **4 %**
Tadjiks **5 %**
Russes **8 %**
autres **10 %**
Ouzbeks **71 %**

KAZAKHSTAN 17 millions d'hab.

Ouzbeks **2 %**
Allemands **4 %**
Ukrainiens **5 %**
autres **12 %**
Kazakhs **42 %**
Russes **35 %**

XINJIANG 18 millions d'hab.

autres **7 %**
Kazakhs **7 %**
Ouïgours **44 %**
Hans **42 %**

RUSSIE

Orsk

Astrakhan

mer Caspienne

mer d'Aral

KHAZAKHSTAN

Astana

Karaghandy

Semipalatinsk

Balkhash

lac Balkhach

Noukous

Tachauz

OUZBÉKISTAN

TURKMÉNISTAN

Achkhabad

Boukhara

Tachkent

Karchi

Termiz

Kouliab

Alma Ata

Bichkek

KIRGHIZISTAN

Och

X I N J I A N G

C H I N E

TADJIKISTAN

I R A N

AFGHANISTAN

Kaboul

Guerre en Asie centrale

conflits récents
date indiquée

bases aériennes américaines
2001-2002

vallée de Fergana

Depuis 1999 Guerre larvée. Mouvement islamique d'Ouzbékistan (2 000 combattants en 2001). Majorité des combats au Kirghizistan.

1989 Accrochages : énormément de morts, centaines de blessés.

1990 Accrochages : 200 morts, plus de 1 000 blessés.

Depuis 1997 Incidents violents, répression chinoise, centaines d'exécutions.

1992-1998 Guerre : 60 000 morts, 250 000 réfugiés, 500 000 sans-abri.

TURKMÉNISTAN 4,3 millions d'hab.

Russes **10 %**
Ouzbeks **9 %**
Kazakhs **2 %**
autres **6 %**
Turkmènes **73 %**

TADJIKISTAN 6 millions d'hab.

Ouzbeks **25 %**
Tadjiks **65 %**
Pamiri **3 %**
Russes **2 %**
autres **5 %**

KIRGHIZISTAN 4,5 millions d'hab.

Ukrainiens **2 %**
autres **10 %**
Ouzbeks **14 %**
Kirghiz **55 %**
Russes **19 %**

29 L'Afghanistan

En 1978, le coup d'État communiste contre le président Daoud ouvrit une ère de guerre totale en Afghanistan. En l'envahissant, l'URSS pensait se lancer dans une opération de courte durée visant à installer le chef d'une faction communiste dissidente au pouvoir et à stabiliser le pays. Cette mésaventure tourna au désastre et fut une des causes de l'effondrement de l'URSS.

Quand l'URSS se retira en 1989, le conflit avait fait 1,5 million de victimes et 6 millions de réfugiés. La guerre entra alors dans une nouvelle phase, plus violente encore. Le gouvernement prosoviétique se maintint pendant trois ans, avant que les moudjahidin ne prennent Kaboul, formant un nouveau gouvernement et se mettant rapidement à se battre entre eux. Les Taliban émergèrent de façon spectaculaire en 1994, capturant Kandahar et prenant Kaboul deux ans plus tard. À la mi-2001, ils contrôlaient la majeure partie du pays. L'assassinat de leur adversaire militaire le plus efficace (Ahmed Shah Massoud, chef de l'Alliance du Nord) en septembre de la même année semblait confirmer leur victoire. Les douze années qui ont suivi le retrait soviétique ont vu un demi-million de morts.

Le pouvoir taliban se signala par la répression à l'encontre des femmes, les exécutions et mutilations publiques de criminels, les punitions arbitraires et les châtiments infligés à quiconque exprimait une pensée différente de celle du chef des Taliban, le mollah Omar. Tout cela était justifié par des interprétations religieuses mâtinées de traditions locales particulièrement frustes, qui plus est contestées par la majorité des musulmans.

L'identification rapide d'Oussama Ben Laden et du réseau al Qaida comme responsables des attentats du 11 septembre 2001 aux États-Unis a fait entrer le conflit afghan dans une troisième phase. Les Taliban furent rapidement renversés, mais les problèmes créés par deux décennies de conflits demeurent.

L'Afghanistan est divisé ethniquement. Les Taliban sont majoritairement pachtouns, leur opposition majoritairement tadjik et hazara. La politique afghane est caractérisée par un mélange de loyautés ethniques profondes et de trahisons à visées financières.

L'Afghanistan est un gros producteur de drogues. Sa part dans la production mondiale d'opium est passée de 40 % en 1988 à 80 % en 1999, puis a chuté en 2000 après l'interdiction de semer du pavot imposée par les Taliban. La décision de Hamid Karzai, le président soutenu par l'Occident, d'interdire la production et le commerce de l'opium semble moins suivie d'effets que celle du mollah Omar. En 2002, la production devrait être équivalente à celle du milieu des années 1990, soit à peu près la moitié de la production mondiale.

Le pouvoir du président Karzai est limité car l'offensive américaine contre les Taliban fut principalement menée par l'intermédiaire des chefs de guerre. Ceux-ci sont les véritables détenteurs du pouvoir en Afghanistan, chacun dirigeant sa région comme un royaume médiéval. Pour certains d'entre eux, l'opium est une source pratique de revenus.

Le terme « chef de guerre » est souvent galvaudé, mais en Afghanistan il est parfaitement justifié. L'actuel chef militaire des Hazaras, Ismail Khan, fut le meneur d'un soulèvement antisoviétique en 1979. Ahmed Shah Massoud, le dirigeant assassiné de l'Alliance du Nord, faisait partie des responsables d'une tentative de soulèvement islamique contre le président Daoud en 1975. À ses côtés se trouvait son futur rival, Gulbuddin Hekmatyar, dont l'artillerie pilonna Kaboul de 1993 à 1995. Rachid Dostum, dont les forces remportèrent les victoires clés qui provoquèrent le renversement des Taliban, dirigeait une unité d'élite anti-moudjahidin en 1989 et abandonna le gouvernement communiste moribond en 1992. Le mollah Omar et Oussama Ben Laden, dont on dit qu'ils ont échappé à l'offensive américaine en 2001, disposent toujours de combattants en 2002.

Ces hommes sont des seigneurs de guerre. Ils constituent, avec leurs vassaux, les véritables forces militaires et politiques de l'Afghanistan, particulièrement en dehors de Kaboul. Ils ne connaissent qu'un seul moyen d'obtenir ce qu'ils désirent. Tant que leur pouvoir persistera, l'Afghanistan et sa population vivront perpétuellement sous la menace d'une guerre totale.

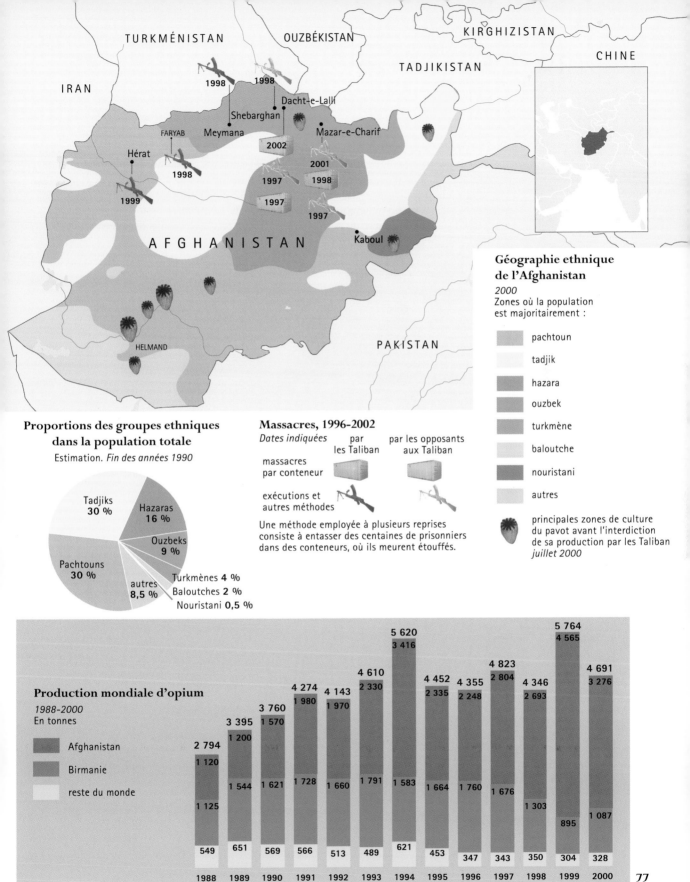

TURKMÉNISTAN OUZBÉKISTAN KIRGHIZISTAN

TADJIKISTAN CHINE

IRAN

1998 1998
Dacht-e-Lalli
Shebarghan
Meymana Mazar-e-Charif
FARYAB
Hérat 2002
1998 2001
1998
1999 1997
1997
1997
A F G H A N I S T A N Kaboul

HELMAND PAKISTAN

Géographie ethnique de l'Afghanistan

2000
Zones où la population
est majoritairement :

- pachtoun
- tadjik
- hazara
- ouzbek
- turkmène
- baloutche
- nouristani
- autres

principales zones de culture
du pavot avant l'interdiction
de sa production par les Taliban
juillet 2000

Proportions des groupes ethniques dans la population totale

Estimation. *Fin des années 1990*

Tadjiks **30 %**
Hazaras **16 %**
Ouzbeks **9 %**
Pachtouns **30 %**
autres **8,5 %**
Turkmènes **4 %**
Baloutches **2 %**
Nouristani **0,5 %**

Massacres, 1996-2002

Dates indiquées par les Taliban par les opposants aux Taliban

massacres
par conteneur

exécutions et
autres méthodes

Une méthode employée à plusieurs reprises
consiste à entasser des centaines de prisonniers
dans des conteneurs, où ils meurent étouffés.

Production mondiale d'opium

1988-2000
En tonnes

- Afghanistan
- Birmanie
- reste du monde

Année	Afghanistan	Birmanie	reste du monde	Total
1988	1 120	1 125	549	2 794
1989	1 200	1 544	651	3 395
1990	1 570	1 621	569	3 760
1991	1 980	1 728	566	4 274
1992	1 970	1 660	513	4 143
1993	2 330	1 791	489	4 610
1994	3 416	1 583	621	5 620
1995	2 335	1 664	453	4 452
1996	2 248	1 760	347	4 355
1997	2 804	1 676	343	4 823
1998	2 693	1 303	350	4 346
1999	4 565	895	304	5 764
2000	3 276	1 087	328	4 691

30 L'Asie du Sud

deux puissances ne reconnaît et le long de laquelle elles se sont livré deux guerres majeures et ont connu deux décennies de confrontations et d'accrochages en série.

Bien que les pères de l'Inde aient désiré un pluralisme ethnique et religieux, le Pakistan fut conçu comme un État spécifiquement musulman. Cette distinction mena les deux pays au bord de la guerre religieuse. L'indépendance de 1947 les sépara et provoqua un vaste mouvement migratoire durant lequel plus de 1 million de personnes périrent. Les écoles religieuses indiennes *deobandi* firent

Le Cachemire est la région la plus explosive du globe. En cet endroit, deux sociétés instables, l'une dirigée par une dictature militaire et l'autre minée par de multiples conflits internes, possédant toutes deux l'arme nucléaire, s'affrontent sur un terrain montagneux, à travers une frontière provisoire qu'aucune des

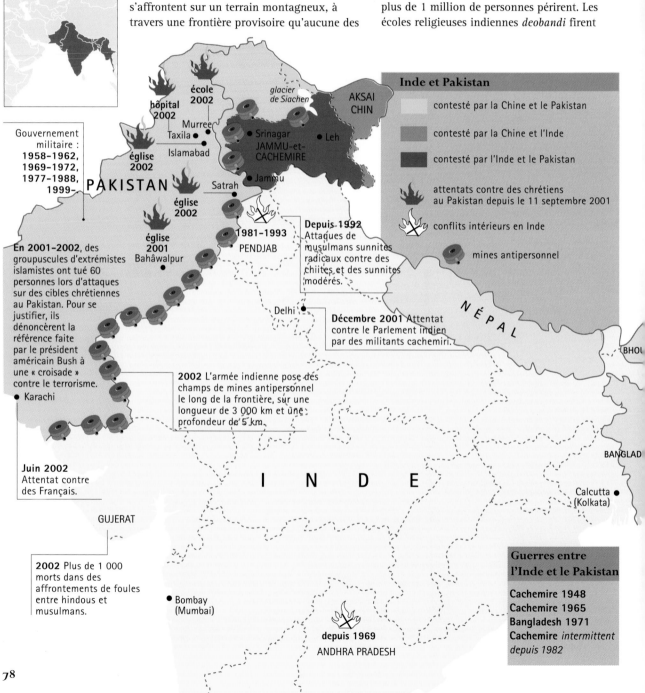

Gouvernement militaire :
1958-1962,
1969-1972,
1977-1988,
1999-

PAKISTAN

hôpital 2002

école 2002

glacier de Siachen

AKSAI CHIN

Murree
Taxila
Islamabad

église 2002

Srinagar
JAMMU-et-CACHEMIRE
Leh

Satrah
Jammu

église 2002

église 2001
Bahâwalpur

1981-1993
PENDJAB

En 2001-2002, des groupuscules d'extrémistes islamistes ont tué 60 personnes lors d'attaques sur des cibles chrétiennes au Pakistan. Pour se justifier, ils dénoncèrent la référence faite par le président américain Bush à une « croisade » contre le terrorisme.

Karachi

Depuis 1992 Attaques de musulmans sunnites radicaux contre des chiites et des sunnites modérés.

Delhi

Décembre 2001 Attentat contre le Parlement indien par des militants cachemiri.

N É P A L

BHOU

2002 L'armée indienne pose des champs de mines antipersonnel le long de la frontière, sur une longueur de 3 000 km et une profondeur de 5 km.

Juin 2002 Attentat contre des Français.

GUJERAT

2002 Plus de 1 000 morts dans des affrontements de foules entre hindous et musulmans.

Bombay (Mumbai)

I N D E

BANGLAD

Calcutta (Kolkata)

depuis 1969
ANDHRA PRADESH

Inde et Pakistan

contesté par la Chine et le Pakistan

contesté par la Chine et l'Inde

contesté par l'Inde et le Pakistan

attentats contre des chrétiens au Pakistan depuis le 11 septembre 2001

conflits intérieurs en Inde

mines antipersonnel

Guerres entre l'Inde et le Pakistan

Cachemire 1948
Cachemire 1965
Bangladesh 1971
Cachemire *intermittent depuis 1982*

partie des nouveaux arrivants au Pakistan. Durant les années 1990, elles fournirent des recrues aux Taliban. Certains militants impliqués dans les actes de violence sectaire au Pakistan proviennent de ces écoles.

Plus de 100 millions de musulmans vivent en Inde. En février 2002, les émeutes du Gujerat montrèrent encore une fois leur vulnérabilité, tant l'opinion publique hindoue est susceptible d'être échauffée par les revendications du Pakistan sur le Cachemire, par le soutien qu'il y prodigue aux insurgés et par son appui financier et matériel aux Taliban depuis 1994.

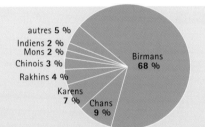

autres 5 %
Indiens 2 %
Mons 2 %
Chinois 3 %
Rakhins 4 %
Karens 7 %
Chans 9 %
Birmans 68 %

Groupes ethniques en Birmanie
En l'absence d'un recensement précis, il n'existe pas de chiffres fiables de la composition ethnique birmane. Ce graphique illustre les estimations brutes généralement acceptées.

La Birmanie : un État en guerre permanente

La dictature birmane aime mentir, même dans le nom qu'elle se donne : arrivée au pouvoir par un coup d'État en 1988, elle se baptisa Conseil d'État de restauration de la loi et de l'ordre, puis se renomma en 1997 Conseil d'État pour le développement et la paix. En réalité, une guerre permanente déchire la Birmanie, la pauvreté y est rampante et le développement économique ne profite qu'à une minorité. Plus de 1 million de déplacés vivent à l'intérieur de ses frontières et près de 400 000 réfugiés dans les pays voisins. On y trouve également 500 000 enfants soldats, 1 800 prisonniers politiques et sans doute des millions d'hommes, de femmes et d'enfants réduits en esclavage.

En 1990, la Ligue nationale pour la démocratie remporta les élections avec plus de 82 % des voix. Sa dirigeante, Aung San Suu Kyi, fut assignée à résidence. En 2002, pour la seconde fois depuis le début de son incarcération, son assignation à résidence a été levée et le régime a fait mine d'entamer des négociations avec elle.

guerres régionales en Birmanie

CHAN
depuis 1948
CHINE
1948–1994
KACHIN
KAYAH
depuis 1992
KAREN   THAÏLANDE
1992–1994
ARAKAN
BIRMANIE
Rangoon
depuis 1949

Le Népal : guerres depuis 1996

Victimes de guerre 1996-2002 : environ 4 000

zones contrôlées effectivement par le Parti communiste du Népal maoïste *en cours d'année 2002*

...AM depuis 1987 1978–1997 NAGALAND
depuis 1991 MANIPUR
TRIPURA
depuis 1978

CHINE
NÉPAL
Katmandou
INDE

Dans la monarchie népalaise, des expériences limitées de démocratie débutèrent en 1990. Mais la démocratie ne fit pas croître la productivité économique et ne permit pas un partage plus équitable des richesses.

Dans cet État, l'un des plus pauvres du monde, les pauvres s'appauvrissent toujours plus en raison de la mainmise de la nouvelle classe politique sur des richesses nationales limitées. 43 % de la population vit en dessous du seuil de pauvreté ;

60 % du revenu national provient d'aides extérieures. Une révolte maoïste a débuté en 1996. En cinq ans, environ 2 000 personnes ont été victimes des attaques de la guérilla et des combats entre les insurgés et la police, la plupart du temps dans

des zones rurales éloignées. En juin 2001, le prince héritier a massacré la majeure partie de la famille royale. Ces meurtres se déroulèrent lors d'une querelle sous l'emprise de l'alcool et ne semblent pas être liés à la crise politique, économique et

sociale du pays. Le nouveau roi a lancé l'armée dans une guerre contre les révoltés, avec pour résultats la propagation du conflit à près de 80 % du pays, des gains territoriaux pour les insurgés et la multiplication par cinq du nombre de tués.

31 | Le Sri Lanka

À l'époque de l'Empire britannique, la minorité tamoule de la colonie alors appelée Ceylan détenait un pourcentage de postes de gouvernement supérieur à son pourcentage dans la population et était également surreprésentée dans le monde des affaires.

Peu après l'indépendance de 1948, le ressentiment provoqué par cet avantage ethnique calculé devint une des clés de la politique sri-lankaise.

Aux élections de 1956, les deux principaux partis promirent que le cinghalais deviendrait la seule langue officielle. Le programme du vainqueur avait pour thème : « Le cinghalais seulement ». Celui du principal parti tamoul réclamait un Sri Lanka fédéral avec une région séparée de langue tamoule.

En 1958, des émeutes intercommunautaires firent des centaines de morts, principalement tamouls, à la suite d'une rumeur évoquant l'assassinat d'un Cinghalais par un Tamoul. Au début des années 1960, les violences intercommunautaires continuèrent et s'aggravèrent au fur et à mesure de l'application du programme « Le cinghalais seulement ».

Aux élections de 1977, le parti tamoul majoritaire demanda l'indépendance. Le terrorisme débuta, mené par les Tigres de libération de l'Eelam tamoul (TLET, plus connus sous le nom de Tigres tamouls), qui assassinèrent le maire de Jaffna. Immédiatement après les élections, la rumeur selon laquelle des terroristes tamouls avaient assassiné des policiers cinghalais fit 300 morts lors d'émeutes intercommunautaires. En 1983, d'autres émeutes firent 400 morts, dont nombre de victimes d'attaques ciblées par des bandes organisées qui recherchaient les noms tamouls sur les listes électorales. Entre 1977 et 1983, le Sri Lanka bascula lentement dans une guerre civile qui, en 2002, a fait plus de 60 000 victimes.

Les Tigres tamouls furent les premiers à perpétrer des attentats-suicides à grande échelle. Pour les combattre, à côté d'opérations militaires conventionnelles, l'armée sri-lankaise créa des groupes de choc pénétrant profondément en territoire tamoul.

En février 2002, le gouvernement du Sri Lanka et les Tigres tamouls signèrent un accord de cessez-le-feu. En 1995, le précédent cessez-le-feu avait duré quatre mois. Celui de 2002, sous l'égide du gouvernement norvégien, comprend des clauses détaillées sur les étapes que chaque partie doit franchir, des mesures visant à maintenir le calme et la confiance, ainsi qu'un système de contrôle de son application. Mais la solidité technique de l'accord ne fait que souligner le problème majeur demeurant en suspens : les deux parties sont-elles décidées à trouver un compromis permettant de mettre fin à cette terrible guerre ?

Le gouvernement norvégien a poursuivi son rôle tandis que l'on semblait s'acheminer vers un règlement définitif du conflit. Mais en novembre, alors que les pourparlers engagés en Thaïlande étaient sur le point d'aboutir, un tribunal de Colombo a condamné par contumace le chef des Tigres, Vellupillai Prabhakara, à 200 ans de prison pour complicité dans un attentat à la bombe qui avait fait près de 100 morts en 1996. Les observateurs se demandent également si la présidente du Sri Lanka, qui fut gravement blessée par un attentat-suicide des Tigres en 1999, ne risque pas d'exiger du Premier ministre (issu du parti Sinhala rival) qu'il mette fin aux négociations.

Assassinats de personnalités

Les Tigres de libération de l'Eelam tamoul ont, entre autres, tué :

- *1 président sri-lankais ;*
- *1 ex-Premier ministre indien ;*
- *2 ministres sri-lankais ;*
- *14 membres du Parlement ;*
- *6 maires, ex-maires et députés-maires ;*
- *6 chefs de partis politiques ;*
- *8 politiciens sri-lankais influents.*

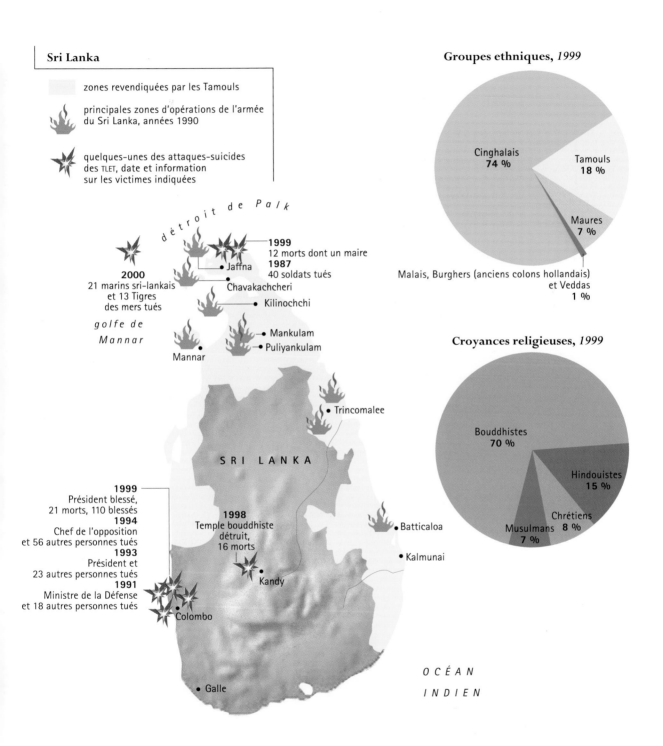

Sri Lanka

zones revendiquées par les Tamouls

principales zones d'opérations de l'armée du Sri Lanka, années 1990

quelques-unes des attaques-suicides des TLET, date et information sur les victimes indiquées

Groupes ethniques, *1999*

Cinghalais
74 %

Tamouls
18 %

Maures
7 %

Malais, Burghers (anciens colons hollandais)
et Veddas
1 %

Croyances religieuses, *1999*

Bouddhistes
70 %

Hindouistes
15 %

Chrétiens 8 %

Musulmans
7 %

détroit de Palk

2000
21 marins sri-lankais
et 13 Tigres
des mers tués

1999
12 morts dont un maire
1987
40 soldats tués

• Jaffna

Chavakachcheri

• Kilinochchi

*golfe de
Mannar*

• Mankulam
• Puliyankulam

Mannar

• Trincomalee

S R I   L A N K A

1999
Président blessé,
21 morts, 110 blessés
1994
Chef de l'opposition
et 56 autres personnes tués
1993
Président et
23 autres personnes tués
1991
Ministre de la Défense
et 18 autres personnes tués

1998
Temple bouddhiste
détruit,
16 morts

• Batticaloa

• Kalmunai

Kandy

• Colombo

• Galle

*OCÉAN

INDIEN*

L'Asie du Sud-Est

L'Asie du Sud-Est a connu la guerre par vagues successives. La première fut celle des guerres d'indépendance des années 1940 et 1950, contre les Français en Indochine et les Britanniques en Malaisie. Il y eut ensuite, dans les années 1960 et 1970, des guerres dans le cadre de la confrontation entre les blocs soviétique et américain : Au Viêt-nam, au Cambodge, en Indonésie (où un demi-million de communistes furent massacrés après la prise du pouvoir en 1966 par le dictateur Suharto) et aux Philippines, où une insurrection communiste débuta en 1969.

La troisième vague, qui commença dans les années 1970, eut pour objectif le contrôle des ressources naturelles, bien que les causes des conflits aient également été ethniques.

L'Indonésie, État le plus peuplé de la région et le plus grand État musulman au monde, a commencé à se libérer de la dictature en 1998. Avec plus de 700 langues parlées quotidiennement et la diversité culturelle qui en découle malgré l'élément unificateur que constitue l'Islam (près de 85 % de la population est musulmane), sa taille et son éclatement en une multitude d'îles font de l'Indonésie le candidat idéal pour les divisions et sécessions. Si les bouleversements connus par l'Indonésie ont, après de nombreuses péripéties, permis de mettre fin au conflit du Timor-Oriental, ils ont également provoqué des violences, en particulier dans les Moluques. Il faudra une bonne dose de clairvoyance, de bonne volonté et de chance pour passer du chaos de la fin du siècle à la stabilité.

Aux Philippines, l'île de Mindanao, riche en ressources, a vu une ancienne agitation islamique se transformer en organisation terroriste. Le groupe Abou Sayyaf est connu pour ses enlèvements et pour la formation qui lui a été fournie par le réseau al Qaida. Depuis la destruction des principales bases d'al Qaida en Afghanistan, des rapports et des rumeurs font d'ailleurs état de l'implantation de ses combattants en Indonésie et aux Philippines.

Cambodge

La guerre débuta en parallèle à la guerre du Viêt-nam. En 1975, les Khmers rouges communistes l'emportèrent et se retournèrent contre la population civile. Ils se maintinrent au pouvoir par des massacres et des famines qui firent plus de deux millions de victimes. En 1978, le Viêt-nam renversa les Khmers rouges, mais la guérilla continua. Un accord de paix, conclu en 1991, conduisit à une cessation des hostilités. Les combats continuèrent après les accords, mais, malgré les violences, les Casques bleus de l'ONU parvinrent à organiser des élections en 1993. La force des Khmers rouges déclina lentement et ce qui en restait se rendit en 1998.

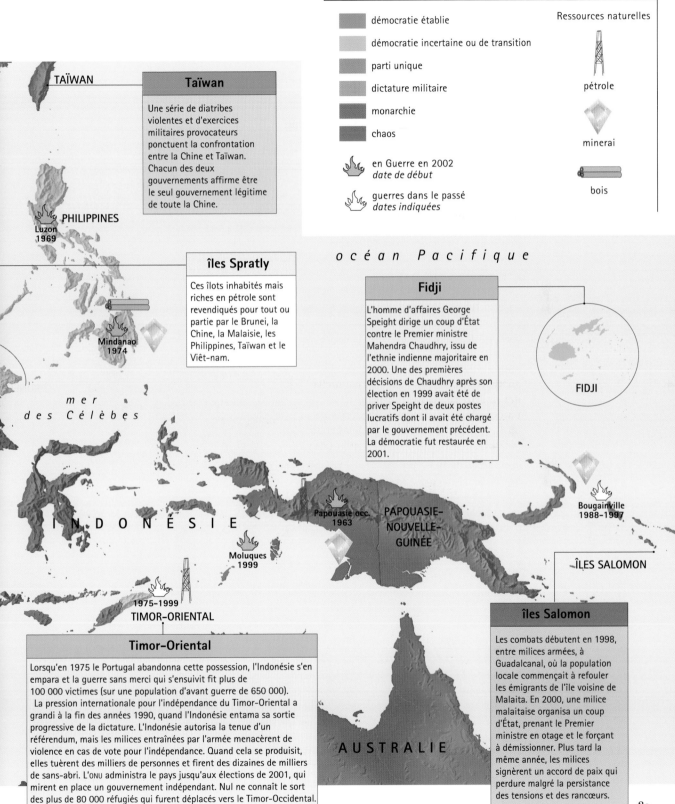

Systèmes politiques *en 2002*

- démocratie établie
- démocratie incertaine ou de transition
- parti unique
- dictature militaire
- monarchie
- chaos

en Guerre en 2002
date de début

guerres dans le passé
dates indiquées

Ressources naturelles

pétrole

minerai

bois

TAÏWAN

Taïwan

Une série de diatribes violentes et d'exercices militaires provocateurs ponctuent la confrontation entre la Chine et Taïwan. Chacun des deux gouvernements affirme être le seul gouvernement légitime de toute la Chine.

PHILIPPINES

Luzon
1969

îles Spratly

Ces îlots inhabités mais riches en pétrole sont revendiqués pour tout ou partie par le Brunei, la Chine, la Malaisie, les Philippines, Taïwan et le Viêt-nam.

Mindanao
1974

océan Pacifique

Fidji

L'homme d'affaires George Speight dirige un coup d'État contre le Premier ministre Mahendra Chaudhry, issu de l'ethnie indienne majoritaire en 2000. Une des premières décisions de Chaudhry après son élection en 1999 avait été de priver Speight de deux postes lucratifs dont il avait été chargé par le gouvernement précédent. La démocratie fut restaurée en 2001.

FIDJI

mer des Célèbes

INDONÉSIE

Papouasie occ.
1963

PAPOUASIE-NOUVELLE-GUINÉE

Bougainville
1988-1997

Moluques
1999

ÎLES SALOMON

1975-1999
TIMOR-ORIENTAL

îles Salomon

Les combats débutent en 1998, entre milices armées, à Guadalcanal, où la population locale commençait à refouler les émigrants de l'île voisine de Malaita. En 2000, une milice malaitaise organisa un coup d'État, prenant le Premier ministre en otage et le forçant à démissionner. Plus tard la même année, les milices signèrent un accord de paix qui perdure malgré la persistance des tensions et des rancœurs.

Timor-Oriental

Lorsqu'en 1975 le Portugal abandonna cette possession, l'Indonésie s'en empara et la guerre sans merci qui s'ensuivit fit plus de 100 000 victimes (sur une population d'avant guerre de 650 000). La pression internationale pour l'indépendance du Timor-Oriental a grandi à la fin des années 1990, quand l'Indonésie entama sa sortie progressive de la dictature. L'Indonésie autorisa la tenue d'un référendum, mais les milices entraînées par l'armée menacèrent de violence en cas de vote pour l'indépendance. Quand cela se produisit, elles tuèrent des milliers de personnes et firent des dizaines de milliers de sans-abri. L'ONU administra le pays jusqu'aux élections de 2001, qui mirent en place un gouvernement indépendant. Nul ne connaît le sort des plus de 80 000 réfugiés qui furent déplacés vers le Timor-Occidental.

AUSTRALIE

CHAPITRE SEPT

L'Afrique

LES STATISTIQUES PARUES EN 2002 prévoient que l'épidémie du sida aura causé 68 millions de décès à travers le monde en 2020, dont 55 millions en Afrique subsaharienne. Le nombre de décès en Afrique subsaharienne équivaut à peu près au nombre de morts (civils et militaires) des deux guerres mondiales combinées. Parmi les jeunes adultes, âgés de 15 à 24 ans, le taux d'infection est deux à trois fois plus élevé pour les femmes que pour les hommes.

Le lien unissant sida et guerre est à double sens : le virus menace la paix et se propage facilement par la guerre.

La guerre crée des conditions qui accélèrent la propagation de la maladie : pauvreté, famine, destruction des structures de soins et des sources d'eau potable, grands mouvements de population. Comme toute maladie sexuellement transmissible, le sida se propage plus facilement pendant les guerres en raison des changements de comportement, de l'augmentation des pratiques à risque avec des personnes qui vivent dans des conditions déplorables et parce qu'un grand nombre de réfugiés et de militaires vont et viennent.

Chassées de leurs maisons par la guerre, souvent victimes de sévices sexuels, les jeunes femmes peuvent être prostituées de force ou bien considérer que c'est le seul moyen pour elles de gagner de l'argent, de manger et de se soigner. Certaines armées africaines possèdent un taux de contamination par le HIV/ sida particulièrement élevé : près de 40 % en Afrique du Sud, 60 % en Angola et dans la République démocratique du Congo et jusqu'à 75 % au Zimbabwe.

Tous ces facteurs suggèrent que les estimations de l'épidémie de sida dans certains pays africains ravagés par la guerre sont en dessous de la réalité. La RDC, le Rwanda, le Soudan, la Sierra Leone et le Liberia (ainsi que le Nigeria, dont l'armée a participé à des opérations de maintien de la paix en Sierra Leone et au Liberia) pourraient voir prochainement leur taux de contamination monter en flèche.

Le sida menace la paix parce qu'il touche les populations sur une échelle si étendue qu'il affecte les capacités des États à produire des richesses et à administrer des sociétés complexes en pleine mutation. Les structures éducatives, la vie de famille, l'activité économique et l'administration gouvernementale en pâtissent. L'épidémie aggrave des climats socio-économiques déjà exécrables et affecte des économies chancelantes, avec des risques d'instabilité sociale, de violence et de conflits armés : en Afrique subsaharienne, le revenu moyen par personne chute de 0,7 % par an à cause de l'épidémie.

Le sida est avant toute chose une tragédie humaine (d'autant plus tragique qu'elle pourrait être évitée), mais d'une dimension telle qu'elle s'ajoute aux difficultés nationales et met en danger la stabilité et la prospérité de régions entières.

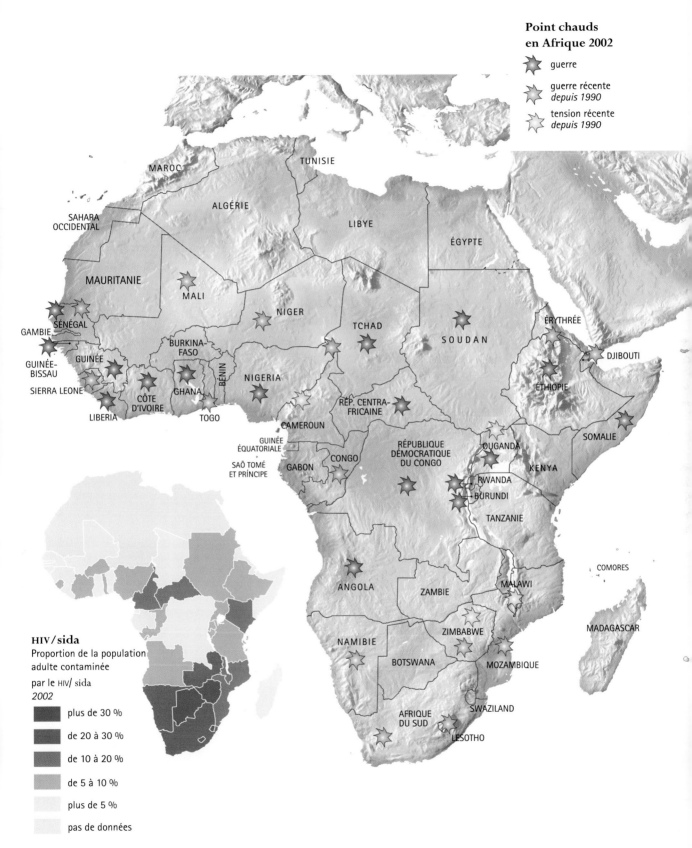

**Point chauds
en Afrique 2002**

guerre

guerre récente
depuis 1990

tension récente
depuis 1990

MAROC

TUNISIE

ALGÉRIE

LIBYE

ÉGYPTE

SAHARA
OCCIDENTAL

MAURITANIE

MALI

NIGER

TCHAD

S O U D A N

ÉRYTHRÉE

DJIBOUTI

GAMBIE

SÉNÉGAL

BURKINA-
FASO

BÉNIN

NIGERIA

ÉTHIOPIE

GUINÉE-
BISSAU

GUINÉE

SIERRA LEONE

CÔTE
D'IVOIRE

GHANA

TOGO

CAMEROUN

RÉP. CENTRA-
FRICAINE

SOMALIE

LIBERIA

GUINÉE
ÉQUATORIALE

SAÕ TOMÉ
ET PRÍNCIPE

GABON

CONGO

RÉPUBLIQUE
DÉMOCRATIQUE
DU CONGO

OUGANDA

KENYA

RWANDA

BURUNDI

TANZANIE

ANGOLA

ZAMBIE

MALAWI

COMORES

MADAGASCAR

NAMIBIE

ZIMBABWE

BOTSWANA

MOZAMBIQUE

SWAZILAND

AFRIQUE
DU SUD

LESOTHO

HIV/sida
Proportion de la population
adulte contaminée
par le HIV/ sida
2002

plus de 30 %

de 20 à 30 %

de 10 à 20 %

de 5 à 10 %

plus de 5 %

pas de données

Histoire coloniale et dépossession

Lors des vingt dernières années du XIXᵉ siècle, les Européens ont conquis 85 % de l'Afrique. Après à peine plus de cinquante ans, les Européens décidèrent qu'ils ne pouvaient exploiter l'Afrique assez efficacement pour que leur présence représente un intérêt. À partir de 1955, sur une période de vingt-cinq ans, les gouvernements européens rendirent le contrôle de 80 % de l'Afrique aux Africains. Il n'existe aucun parallèle historique d'un processus aussi abrupt de conquête coloniale et de décolonisation. L'étendue des conflits et de la pauvreté montre que le continent et sa population ne s'en sont jamais remis.

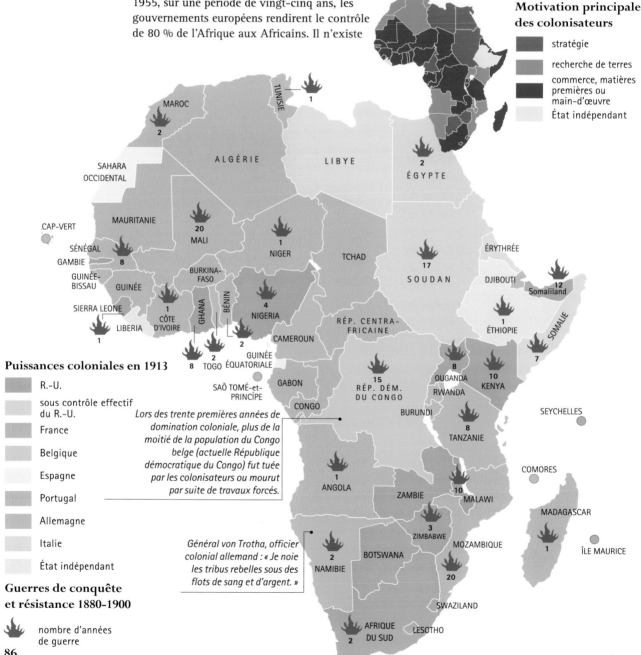

Motivation principale des colonisateurs

- stratégie
- recherche de terres
- commerce, matières premières ou main-d'œuvre
- État indépendant

Puissances coloniales en 1913

- R.-U.
- sous contrôle effectif du R.-U.
- France
- Belgique
- Espagne
- Portugal
- Allemagne
- Italie
- État indépendant

Guerres de conquête et résistance 1880-1900

nombre d'années de guerre

Lors des trente premières années de domination coloniale, plus de la moitié de la population du Congo belge (actuelle République démocratique du Congo) fut tuée par les colonisateurs ou mourut par suite de travaux forcés.

Général von Trotha, officier colonial allemand : « Je noie les tribus rebelles sous des flots de sang et d'argent. »

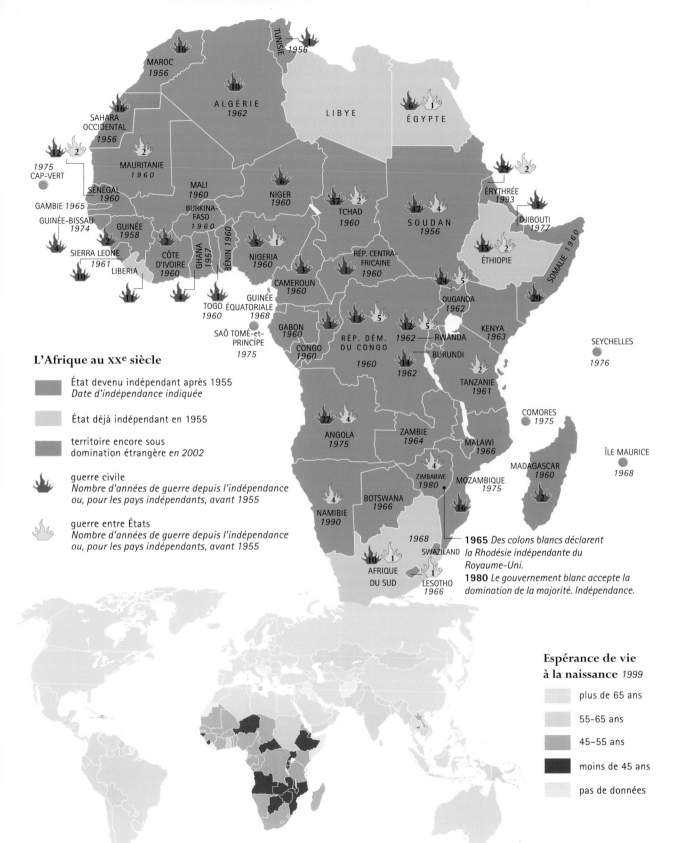

L'Afrique au XXe siècle

TUNISIE *1956*

MAROC *1956*

ALGÉRIE *1962*

LIBYE

ÉGYPTE

SAHARA OCCIDENTAL *1956*

MAURITANIE *1960*

1975 **CAP-VERT**

SÉNÉGAL *1960*

GAMBIE *1965*

GUINÉE-BISSAU *1974*

GUINÉE *1958*

SIERRA LEONE *1961*

LIBERIA

MALI *1960*

BURKINA-FASO *1960*

BÉNIN *1960*

CÔTE D'IVOIRE *1960*

GHANA *1957*

TOGO *1960*

NIGER *1960*

NIGERIA *1960*

CAMEROUN *1960*

GUINÉE ÉQUATORIALE *1968*

SAÕ TOMÉ-et-PRINCÍPE *1975*

GABON *1960*

CONGO *1960*

TCHAD *1960*

RÉP. CENTRA-FRICAINE *1960*

SOUDAN *1956*

ÉRYTHRÉE *1993*

DJIBOUTI *1977*

ÉTHIOPIE

SOMALIE *1960*

RÉP. DÉM. DU CONGO *1960*

OUGANDA *1962*

RWANDA *1962*

BURUNDI *1962*

KENYA *1963*

TANZANIE *1961*

SEYCHELLES *1976*

ANGOLA *1975*

ZAMBIE *1964*

MALAWI *1966*

COMORES *1975*

ÎLE MAURICE *1968*

MADAGASCAR *1960*

MOZAMBIQUE *1975*

NAMIBIE *1990*

BOTSWANA *1966*

ZIMBABWE *1980*

AFRIQUE DU SUD

SWAZILAND *1968*

LESOTHO *1966*

1965 *Des colons blancs déclarent la Rhodésie indépendante du Royaume-Uni.*

1980 *Le gouvernement blanc accepte la domination de la majorité. Indépendance.*

État devenu indépendant après 1955
Date d'indépendance indiquée

État déjà indépendant en 1955

territoire encore sous domination étrangère *en 2002*

guerre civile
Nombre d'années de guerre depuis l'indépendance ou, pour les pays indépendants, avant 1955

guerre entre États
Nombre d'années de guerre depuis l'indépendance ou, pour les pays indépendants, avant 1955

Espérance de vie à la naissance *1999*

plus de 65 ans

55–65 ans

45–55 ans

moins de 45 ans

pas de données

34 | L'Afrique de l'Ouest

L'Afrique de l'Ouest ne s'est jamais remise de la domination coloniale. Malgré la richesse des ressources naturelles, aucun pays n'est parvenu à générer un degré raisonnable de prospérité pour la majorité de ses citoyens. La corruption et les abus de pouvoir sont monnaie courante, et la démocratie est le plus souvent absente, faible et instable dans le meilleur des cas. Une bonne partie des dirigeants qui se disent élus l'ont été par le biais de fraudes et d'intimidations, montrant que les élections sont loin d'être toujours démocratiques.

La pandémie du sida affaiblit encore les maigres perspectives de développement de la région. La maladie se propage rapidement durant les guerres, et ce pour plusieurs raisons. À cause de comportements à risque, le taux d'infection des combattants africains est deux fois supérieur à celui de la population civile. De plus, la guerre a tendance à augmenter les violences sexuelles, utilisées comme tactique par certaines forces pour répandre la terreur, car les populations réfugiées sont vulnérables à toute forme d'exploitation, viol y compris. Les jeunes filles sans famille et sans abri ne trouvent souvent pas d'autre moyen de survie que la prostitution. Et, quand la paix arrive, et avec elle les forces internationales de maintien de la paix, le nombre de prostituées s'accroît généralement pour satisfaire l'augmentation de la demande.

Espérance de vie
Années depuis la naissance, *2000*

Liberia: pas de données

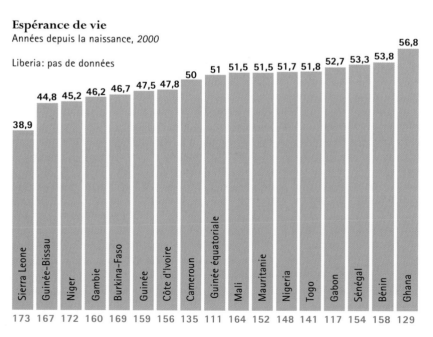

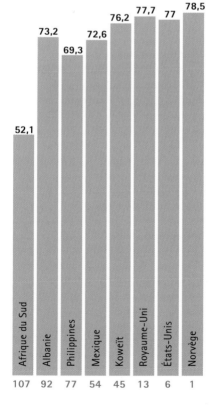

Rang mondial
Position des États sur l'Index de développement humain de l'ONU (comprenant 173 pays) *2002*

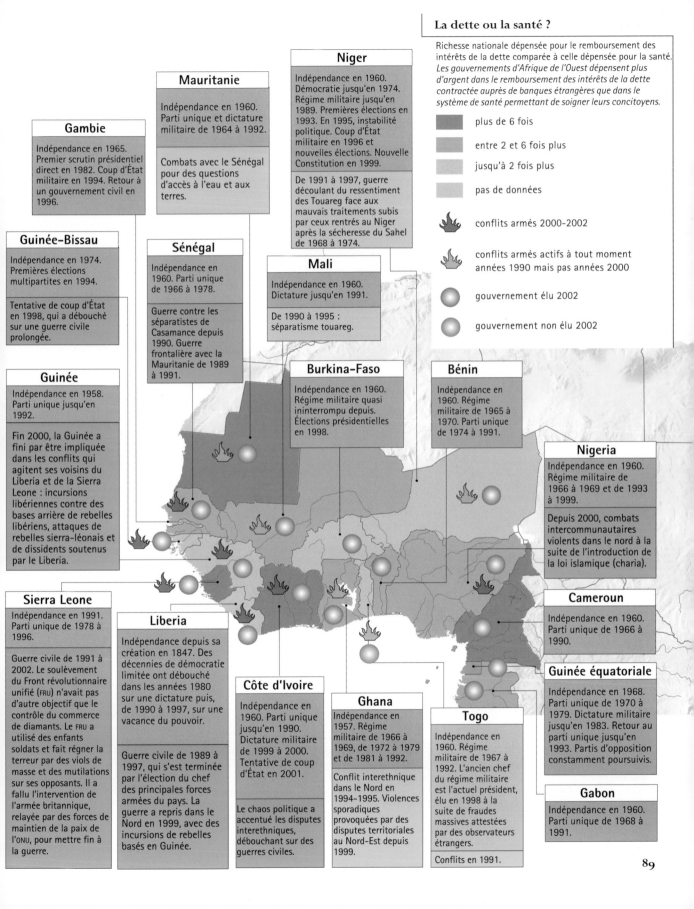

La dette ou la santé ?

Richesse nationale dépensée pour le remboursement des intérêts de la dette comparée à celle dépensée pour la santé. *Les gouvernements d'Afrique de l'Ouest dépensent plus d'argent dans le remboursement des intérêts de la dette contractée auprès de banques étrangères que dans le système de santé permettant de soigner leurs concitoyens.*

- plus de 6 fois
- entre 2 et 6 fois plus
- jusqu'à 2 fois plus
- pas de données

- conflits armés 2000-2002
- conflits armés actifs à tout moment années 1990 mais pas années 2000
- gouvernement élu 2002
- gouvernement non élu 2002

Gambie

Indépendance en 1965. Premier scrutin présidentiel direct en 1982. Coup d'État militaire en 1994. Retour à un gouvernement civil en 1996.

Mauritanie

Indépendance en 1960. Parti unique et dictature militaire de 1964 à 1992.

Combats avec le Sénégal pour des questions d'accès à l'eau et aux terres.

Niger

Indépendance en 1960. Démocratie jusqu'en 1974. Régime militaire jusqu'en 1989. Premières élections en 1993. En 1995, instabilité politique. Coup d'État militaire en 1996 et nouvelles élections. Nouvelle Constitution en 1999.

De 1991 à 1997, guerre découlant du ressentiment des Touareg face aux mauvais traitements subis par ceux rentrés au Niger après la sécheresse du Sahel de 1968 à 1974.

Guinée-Bissau

Indépendance en 1974. Premières élections multipartites en 1994.

Tentative de coup d'État en 1998, qui a débouché sur une guerre civile prolongée.

Sénégal

Indépendance en 1960. Parti unique de 1966 à 1978.

Guerre contre les séparatistes de Casamance depuis 1990. Guerre frontalière avec la Mauritanie de 1989 à 1991.

Mali

Indépendance en 1960. Dictature jusqu'en 1991.

De 1990 à 1995 : séparatisme touareg.

Guinée

Indépendance en 1958. Parti unique jusqu'en 1992.

Fin 2000, la Guinée a fini par être impliquée dans les conflits qui agitent ses voisins du Liberia et de la Sierra Leone : incursions libériennes contre des bases arrière de rebelles libériens, attaques de rebelles sierra-léonais et de dissidents soutenus par le Liberia.

Burkina-Faso

Indépendance en 1960. Régime militaire quasi ininterrompu depuis. Élections présidentielles en 1998.

Bénin

Indépendance en 1960. Régime militaire de 1965 à 1970. Parti unique de 1974 à 1991.

Nigeria

Indépendance en 1960. Régime militaire de 1966 à 1969 et de 1993 à 1999.

Depuis 2000, combats intercommunautaires violents dans le nord à la suite de l'introduction de la loi islamique (charia).

Sierra Leone

Indépendance en 1991. Parti unique de 1978 à 1996.

Guerre civile de 1991 à 2002. Le soulèvement du Front révolutionnaire unifié (FRU) n'avait pas d'autre objectif que le contrôle du commerce de diamants. Le FRU a utilisé des enfants soldats et fait régner la terreur par des viols de masse et des mutilations sur ses opposants. Il a fallu l'intervention de l'armée britannique, relayée par des forces de maintien de la paix de l'ONU, pour mettre fin à la guerre.

Liberia

Indépendance depuis sa création en 1847. Des décennies de démocratie limitée ont débouché dans les années 1980 sur une dictature puis, de 1990 à 1997, sur une vacance du pouvoir.

Guerre civile de 1989 à 1997, qui s'est terminée par l'élection du chef des principales forces armées du pays. La guerre a repris dans le Nord en 1999, avec des incursions de rebelles basés en Guinée.

Côte d'Ivoire

Indépendance en 1960. Parti unique jusqu'en 1990. Dictature militaire de 1999 à 2000. Tentative de coup d'État en 2001.

Le chaos politique a accentué les disputes interethniques, débouchant sur des guerres civiles.

Ghana

Indépendance en 1957. Régime militaire de 1966 à 1969, de 1972 à 1979 et de 1981 à 1992.

Conflit interethnique dans le Nord en 1994-1995. Violences sporadiques provoquées par des disputes territoriales au Nord-Est depuis 1999.

Togo

Indépendance en 1960. Régime militaire de 1967 à 1992. L'ancien chef du régime militaire est l'actuel président, élu en 1998 à la suite de fraudes massives attestées par des observateurs étrangers.

Conflits en 1991.

Cameroun

Indépendance en 1960. Parti unique de 1966 à 1990.

Guinée équatoriale

Indépendance en 1968. Parti unique de 1970 à 1979. Dictature militaire jusqu'en 1983. Retour au parti unique jusqu'en 1993. Partis d'opposition constamment poursuivis.

Gabon

Indépendance en 1960. Parti unique de 1968 à 1991.

89

35 La région du Congo

La République démocratique du Congo (RDC) détient d'abondantes ressources naturelles. En plus du pétrole, des minerais, du charbon, des métaux précieux et des diamants, la RDC possède plus de 50 % des forêts africaines (soit 6 % du total mondial) et ses rivières fournissent 50 % de la production hydroélectrique africaine, soit 13 % du total mondial.

À aucun moment depuis l'indépendance de 1960 (et certainement pas avant, à l'époque du brutal régime colonial), les simples citoyens de ce pays n'ont pu accéder à une partie de cette richesse. Au contraire, les richesses nationales ont été une source d'enrichissement personnel pour une poignée de personnes et l'objet des convoitises de puissances étrangères. Depuis la fin des années 1990, les nombreuses interventions extérieures ont encore entamé les richesses du pays.

En 1997, le Rwanda et l'Ouganda aidèrent Laurent-Désiré Kabila à prendre le pouvoir. Ne le trouvant pas assez docile à leur égard, ils soutinrent une deuxième insurrection pour le renverser en 1998, mais d'autres États africains firent barrage à leurs ambitions. Après quatre années de guerre, plus de deux millions de personnes sont mortes : environ 500 000 lors des combats et près de deux millions par des épidémies parfaitement évitables et des famines provoquées par la guerre. À la fin de la guerre en 2002, au moins deux millions de personnes avaient quitté leur foyer sans pouvoir y retourner. La grande majorité d'entre elles ne bénéficiait pas de l'aide des travailleurs humanitaires.

À la fin de la guerre, le système de santé de la RDC était en lambeaux. Les épidémies de méningite, de choléra, de rougeole et de

Un pays, de multiples appellations

1885 État libre du Congo
1908 Congo belge
1960 Congo
1971 Zaïre
1997 République démocratique du Congo

1885 Le roi des Belges Léopold II obtient le bassin du Congo au traité de Berlin. Le prétendu *État libre du Congo* est sa propriété privée. Sous son règne, près de la moitié de la population est tuée ou meurt dans les travaux forcés. L'amputation des mains faisait partie des punitions infligées à ceux qui ne travaillaient pas assez dur.
1908 Le gouvernement belge prend le contrôle de la colonie et la rebaptise « Congo belge ».
1959 Émeutes à Léopoldville. Le gouvernement belge annonce son intention d'accorder l'indépendance au Congo. Sur une population de 14 millions, on ne trouvait que 17 diplômés de l'université, aucun docteur, ni avocat ou ingénieur.
Juin 1960 Indépendance. Les chefs rivaux des deux principaux mouvements indépendantistes, Kasa-Vubu et Patrice Lumumba, deviennent respectivement président et Premier ministre.
Juillet Mutinerie. Les deux provinces les plus riches (Katanga et Kivu) font sécession. Les troupes belges interviennent brièvement pour protéger les intérêts belges, entraînant de violents combats. Lumumba en appelle à l'ONU.
Septembre Kasa-Vubu renvoie Lumumba mais est à son tour destitué par le Parlement. Le Colonel Mobutu, chef d'État-major de l'armée, prend le pouvoir. Lumumba est arrêté et remis aux dirigeants des Gendarmes du Katanga qui le battent à mort. L'échec de l'ONU à maintenir l'ordre malgré l'envoi de forces comprises entre 15 000 et 20 000 hommes provoque une crise durant laquelle l'URSS déclare ne plus reconnaître l'autorité du Secrétaire général de l'ONU, Dag Hammarskjöld, qui trouve la mort en septembre 1961 dans un accident d'avion particulièrement suspect.
1961 Mobutu remet Kasa-Vubu au pouvoir
1962-63 les forces de l'ONU mettent fin à l'insurrection katangaise.
1965 Mobutu prend le pouvoir par un coup d'État sans effusion de sang et bat les dernières forces sécessionnistes dans le Sud.
1971 Le pays est rebaptisé Zaïre.
1972 Mobutu se fait appeler Mobutu Sese Seko.
1994 Guerre civile au Rwanda. Génocide contre les Tutsi. Crise des réfugiés. Mobutu permet aux réfugiés hutu de s'installer dans les camps de l'ONU à l'est du Zaïre. Augmentation des tensions entre les milices hutu et les Tutsi zaïrois.
1996-97 Soulèvement tutsi contre Mobutu, débutant dans la province du Kivu, dirigé par Laurent-Désiré Kabila et soutenu par le Rwanda et l'Ouganda. On rapporte que les forces de Kabila ont assassiné des milliers de Hutu durant cette courte guerre victorieuse.
Mobutu meurt en exil en septembre 1997. Le pays est rebaptisé République démocratique du Congo. (RDC)
1998 Kabila doit faire face à un nouveau soulèvement tutsi, soutenu par le Rwanda et l'Ouganda puis par le Burundi. Les forces angolaises, namibiennes, tchadiennes et zimbabwéennes, soutenues ensuite par le Soudan, interviennent pour maintenir Kabila au pouvoir.
2000 Les combats débutent entre les forces rwandaises et ougandaises au sien de la RDC.
2001 Laurent-Désiré Kabila est assassiné. Son fils Joseph prend le pouvoir et débute les pourparlers de paix. Les accords de paix signés en juillet 1999 et décembre 2000 ne mettent pas fin aux combats.
2001 Nouveaux accords de paix. Amorce de retrait de la plupart des forces étrangères. Stabilité douteuse de l'accord.

malaria sont courantes et la maladie du sommeil, la tuberculose et le sida se propagent rapidement. On trouve en moyenne un médecin pour 25 000 habitants. Un enfant sur quatre meurt avant cinq ans. Moins de la moitié de la population a accès à l'eau potable. L'espérance de vie est de 45 ans.

Congo (Brazzaville)

Colonie française de 1891 à 1960, le Congo (Brazzaville) est sorti du régime à parti unique en 1982 pour une courte période de démocratie transitionnelle. La guerre civile débuta en 1997. Après cinq mois de combats, Denis Sassou-Nguesso, président de 1979 à 1991, reprit le pouvoir. Les combats continuèrent deux ans. En 2000 Sassou-Nguesso a promis de rétablir la démocratie.

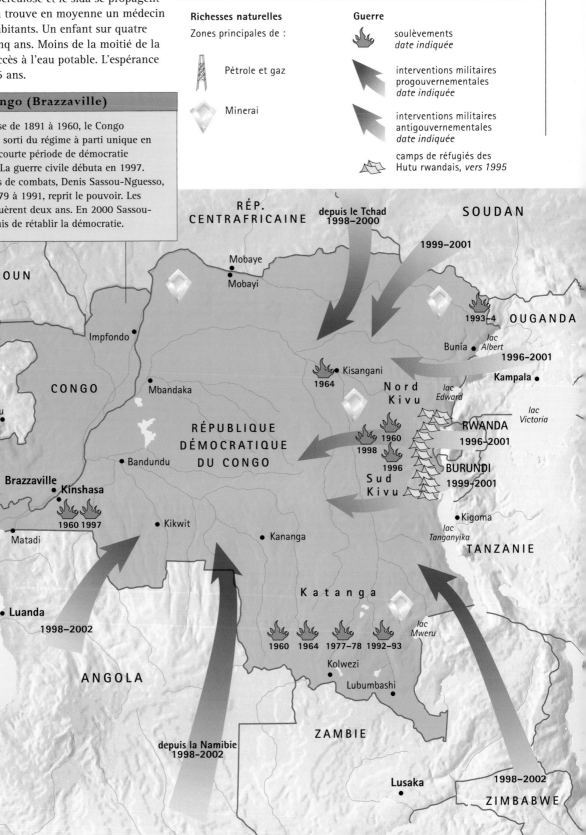

Richesse et guerre dans la République démocratique du Congo

Richesses naturelles
Zones principales de :

Pétrole et gaz

Minerai

Guerre

soulèvements
date indiquée

interventions militaires progouvernementales
date indiquée

interventions militaires antigouvernementales
date indiquée

camps de réfugiés des Hutu rwandais, *vers 1995*

36 Le Burundi et le Rwanda

Années 1890 Le Burundi et le Rwanda sont incorporés à l'Afrique de l'Est allemande
1915–16 Les forces coloniales belges stationnées au Congo voisin expulsent les Allemands
1923 La Belgique reçoit mission de la Société des Nations pour administrer le Burundi et le Rwanda (transformé après la 2nde G. M. en mandat des Nations unies). Les autorités belges s'appuient sur les chefs tutsi locaux pour gouverner.
1959–61 Au Rwanda, une révolte des Hutu dépose le roi tutsi et établit une république.
1962 Le Burundi et le Rwanda deviennent deux États indépendants.

BURUNDI

1962 Craignant un soulèvement des Hutu majoritaires comme au Rwanda, les chefs tutsi frappent préventivement, attaquant les opposants potentiels et les chefs hutu.

1965 Le roi passe outre le résultat des élections donnant au parti hutu la majorité à l'Assemblée et nomme un Premier ministre tutsi. Le coup d'État raté par les officiers hutu passe si près du but que le roi doit s'enfuir.

1966 La monarchie est remplacée par une république sous le contrôle du président Micombero, un chef tutsi.

1972 Soulèvement hutu, représailles gouvernementales.

1976 Coup d'État sans effusion de sang. Micombero est évincé au profit du président Bagaza.

1981 Nouvelle Constitution faisant du Burundi un État à parti unique.

Années 1980 tensions croissantes entre l'Église et l'État, harcèlement du clergé, autoritarisme grandissant du gouvernement de Bagaza.

1987 Bagaza est renversé et remplacé par le président Buyoya, chef de la junte.

1988 Dans le Nord, le ressentiment des Hutu contre le comportement de certains fonctionnaires locaux tutsi à leur égard provoque un soulèvement, suivi de représailles de l'armée. Buyoya répond en nommant un Premier ministre hutu et en préparant une transition démocratique.

1992 La nouvelle Constitution introduit un système multipartite. Tentative ratée de coup d'État, apparemment organisé par Bagaza depuis la Libye où il est exilé.

Juin 1993 Les premières élections démocratiques amènent au pouvoir un Hutu, le président Melchior Ndadye, à la tête d'un gouvernement mixte. Sylvie Kinigi, une Tutsi, est nommée Premier ministre.

Octobre Ndadye est assassiné, la guerre ouverte commence.

1994 Nouveau président hutu.

1995 Nouvelles violences à Bujumbura.

Juin Les présidents du Burundi et du Rwanda meurent dans le crash de leur avion abattu près de Kigali.

Septembre Troisième président hutu en un an, élu avec un gouvernement de coalition.

1996 Buyoya reprend le pouvoir par un coup d'État

1998 Buyoya prête le serment présidentiel, une Constitution transitionnelle est votée.

1999 Pourparlers de cessez-le-feu.

2000 Accord de cessez-le-feu. Les combats continuent.

2001 Après deux coups d'État ratés, les discussions sous l'égide de Nelson Mandela permettent de mettre sur pied un pouvoir transitionnel partagé pendant trois ans, dirigé par Buyoya. Fin 2001, les combats reprennent.

RWANDA

1963 L'armée des exilés tutsi se soulève, représailles gouvernementales.

1973 Putsch dirigé par le général Habyarimana.

1978 Nouvelle Constitution : Habyarimana est maintenu dans ses fonctions pour cinq années supplémentaires (réélu en 1983 et 1988).

1990 Le Front patriotique Rwandais (en majorité tutsi) traverse la frontière depuis l'Ouganda pour provoquer un soulèvement.

1991 Nouvelle Constitution multipartite.

1992 Les pourparlers de paix débutent.

1993 Accords de paix signés à Arusha en Tanzanie. Ils appellent à un gouvernement partagé et à l'installation de Tutsi à des postes de commandement dans l'armée. La mission de maintien de la paix de l'ONU débute.

Avril–juin 1994 Le président Habyarimana et son homologue du Burundi sont tués dans le crash de leur avion près de Kigali. Une unité du FPR stationnée à Kigali conformément aux accords d'Arusha est attaquée, le FPR réplique par une nouvelle offensive. L'armée et les milices hutu se lancent dans des massacres manifestement préparés. Le FPR prend Kigali et en chasse l'armée et les milices hutu. Début des représailles tutsi aux massacres hutu. 20 000 réfugiés hutu meurent dans une épidémie de choléra frappant les camps de réfugiés.

Juillet Cessez-le-feu, nouveau gouvernement formé par un président hutu modéré.

1996 Les milices hutu en exil lancent des attaques au Rwanda depuis le Zaïre. Le FPR et les tutsi du Rwanda lancent des attaques contre les milices dans et autour des camps de réfugiés au Zaïre. Fin de la mission de maintien de la paix de l'ONU au Rwanda. Le FPR entreprend de juger plus de 120 000 personnes liées au génocide de 1994.

1997 Le Tribunal pénal international installé à Arusha commence ses travaux. Les milices hutu attaquent des civils tutsi. Le Rwanda étend ses activités militaires au Zaïre en soutenant, avec l'aide de l'Ouganda, le soulèvement dirigé par Laurent-Désiré Kabila, qui renverse le gouvernement de Mobutu.

1998 La poursuite des opérations par les milices hutu dans la nouvelle RDC décide le Rwanda et l'Ouganda à tenter de renverser Kabila.

2000 Paul Kagame, chef militaire du FPR, devient le premier président tutsi du Rwanda.

2001 Pour accélérer les procès traitant des crimes de 1994, le gouvernement rwandais en revient à un système judiciaire traditionnel ou les jurys ordinaires jugent leurs semblables.

En 1994 se produisit un des pires actes de génocide que le monde ait connu et qui, en six semaines, coûta la vie à 800 000 Rwandais. Les victimes étaient majoritairement des Tutsi (groupe ethnique minoritaire au Rwanda et au Burundi voisin), mais les opposants Hutu (qui constituent le groupe majoritaire dans ces deux pays) à la politique du gouvernement furent également massacrés.

Rien ne fut fait pour empêcher le massacre car l'ONU n'en perçut pas les signes avant-coureurs, qui étaient pourtant (d'après les observateurs attentifs) nombreux et concordants. La rivalité Hutu-Tutsi provoquait des massacres et des vagues de réfugiés depuis plus de quarante ans.

Au Burundi, les chefs de la minorité tutsi ont gouverné durant la majeure partie de la période depuis l'indépendance. Au Rwanda, ce sont les chefs de la majorité hutu qui ont gouverné. La rivalité entre les deux groupes est devenue synonyme de haines raciales exacerbées. Pourtant, les différences entre les deux ethnies sont minces. Elles partagent la même religion, par exemple, et il existe entre elles de nombreuses similitudes. Comme c'est souvent le cas, derrière cette rivalité se dissimule une lutte de pouvoir, et il est problématique que les dirigeants politiques aient cru possible d'asseoir leur autorité en se focalisant sur les différences et non sur les similitudes entre les deux groupes.

Ouganda

Depuis les années 1980, l'Ouganda tente désespérément de se remettre de la décennie précédente. Le règne d'Idi Amin Dada coûta la vie à plus de 100 000 Ougandais avant que son invasion de la Tanzanie en 1978 n'entraîne une contre-offensive de ce pays l'année suivante et ne le force à l'exil. L'instabilité et la guerre civile ont fait plus de 300 000 morts avant que l'Armée nationale de résistance ne l'emporte et installe Yoweri Museveni au poste de président en 1986. Les guerres civiles ont continué jusqu'à aujourd'hui, particulièrement dans le Nord où les chrétiens fondamentalistes de l'Armée de résistance du Seigneur opèrent, depuis leurs bases du Soudan.

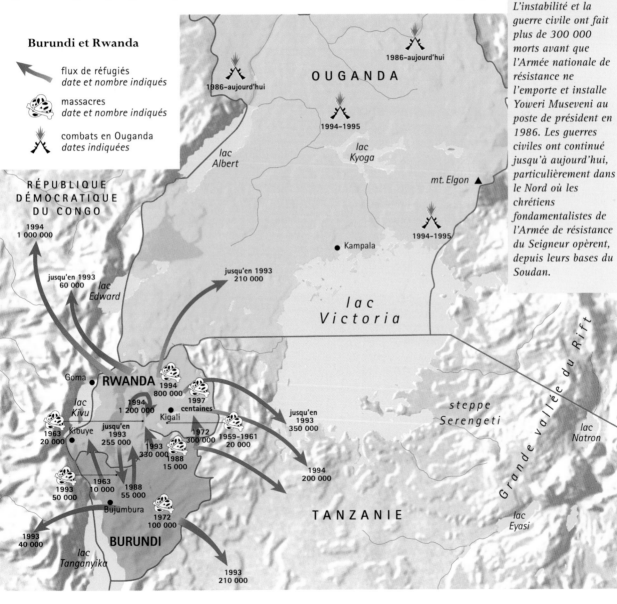

Burundi et Rwanda

flux de réfugiés
date et nombre indiqués

massacres
date et nombre indiqués

combats en Ouganda
dates indiquées

37 La Corne de l'Afrique

Depuis le début des années 1960, plus de trois millions de personnes sont mortes dans les guerres qui ensanglantent la Corne de l'Afrique. Dans les années 1980, la famine a tué un million de personnes rien qu'en Éthiopie, alors qu'elle n'était qu'une conséquence de la guerre durant laquelle le gouvernement utilisa la privation chronique de nourriture et l'interdiction aux organisations humanitaires d'intervenir pour assister les plus démunis comme une arme de guerre. La pauvreté de la région est à la fois la cause et la conséquence des conflits. Les pays de la région ont fait face à des décennies d'instabilité, de répression et de violence.

En 1952 l'Érythrée et l'Éthiopie furent réunies en une fédération par décision des Nations unies. Dix ans plus tard, l'empereur éthiopien Hailé Sélassié mit fin à la mascarade de la fédération et fit de l'Érythrée une province éthiopienne. Un soulèvement débuta, qui se transforma en une guerre d'indépendance, affaiblissant le régime de Sélassié et préparant le coup d'État militaire qui le déposa en 1974 après une série de grèves et de manifestations de masse.

La nouvelle junte militaire au pouvoir, connue sous le nom de Derg, devint rapidement encore plus répressive, plus crainte et plus haïe que l'ancien régime. À une opposition qui contestait la légitimité de son pouvoir, le Derg répondit par une campagne de terreur qui fit plus de 100 000 morts entre 1977 et 1978.

Les combattants indépendantistes érythréens firent cause commune avec les opposants éthiopiens, et le Derg fut finalement renversé en 1991. L'Érythrée a pu accéder à l'indépendance par référendum en 1993.

Pour la Corne de l'Afrique, l'année 1991 aurait pu être une année d'espoir, car à la chute du Derg il fallait ajouter celle du dictateur somalien Siyad Barré, à l'issue d'une guerre longue de quatorze ans. Mais les vainqueurs somaliens furent immédiatement renversés, la paix en Éthiopie n'était qu'un interlude et une guerre de cinq années commença à Djibouti.

En Somalie, des accrochages entre factions se transformèrent en véritable guerre, jetant le pays dans le chaos et la famine, ce qui entraîna une intervention controversée et ratée des États-Unis, suivie d'une tentative tout aussi ratée des Nations unies de maintenir la paix. Une fois ces opérations terminées, les combats reprirent. Les différentes tentatives de négociation ont régulièrement failli déboucher sur un compromis, mais il s'est toujours trouvé un chef de faction pour faire capoter l'accord final.

En Éthiopie, un conflit de faible intensité a débuté au milieu des années 1990, mais le coup le plus sérieux porté aux espoirs nés en 1991 fut le début de la guerre entre l'Éthiopie et l'Érythrée pour une bande frontalière désertique dont la délimitation n'avait pas été clairement établie au moment de l'indépendance. Des centaines de milliers de soldats furent jetés dans des séries d'offensives et de contre-offensives qui firent des centaines de milliers de morts dans un conflit impliquant deux des États les plus pauvres du globe. En 2000, un accord mit fin à la guerre et, malgré des tensions l'année suivante, les deux pays ont reconnu officiellement la nouvelle frontière tracée par une commission indépendante en 2002.

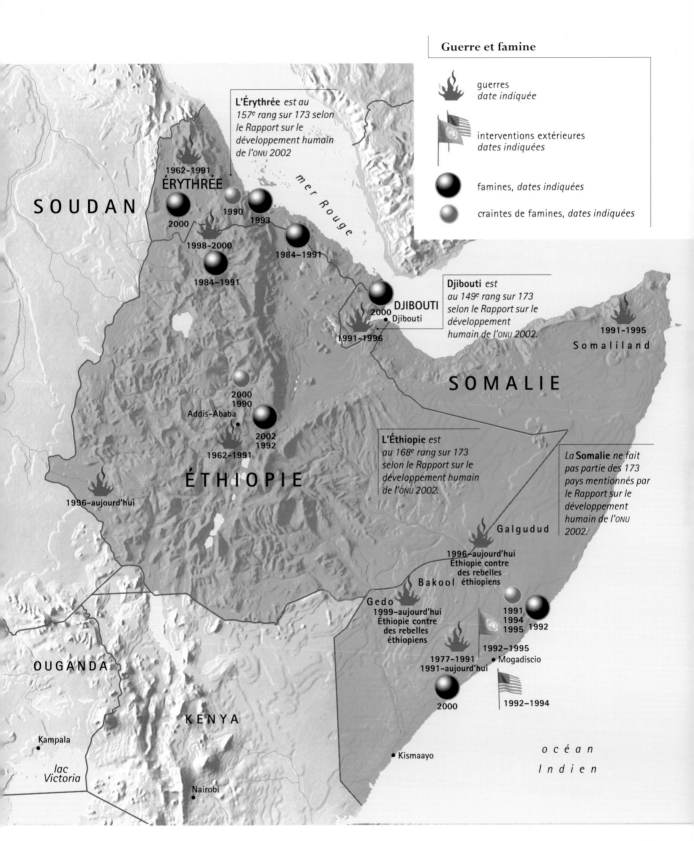

Guerre et famine

guerres
date indiquée

interventions extérieures
dates indiquées

famines, *dates indiquées*

craintes de famines, *dates indiquées*

L'Érythrée *est au 157e rang sur 173 selon le Rapport sur le développement humain de l'ONU 2002*

SOUDAN

1962-1991
ÉRYTHRÉE
2000
1990
1993
1998-2000
1984-1991
1984-1991

mer Rouge

DJIBOUTI
2000
• Djibouti
1991-1996

Djibouti *est au 149e rang sur 173 selon le Rapport sur le développement humain de l'ONU 2002.*

1991-1995
Somaliland

SOMALIE

2000
1990
Addis-Ababa •
2002
1992
1962-1991

ÉTHIOPIE

L'Éthiopie *est au 168e rang sur 173 selon le Rapport sur le développement humain de l'ONU 2002.*

La **Somalie** *ne fait pas partie des 173 pays mentionnés par le Rapport sur le développement humain de l'ONU 2002.*

1996-aujourd'hui

Galgudud
1996-aujourd'hui
Éthiopie contre
des rebelles
Bakool éthiopiens

Gedo
1999-aujourd'hui
Éthiopie contre
des rebelles
éthiopiens

1991
1994
1995
1992

1992-1995
1977-1991
1991-aujourd'hui

• Mogadiscio

2000

1992-1994

OUGANDA

KENYA

• Kampala

lac
Victoria

• Nairobi

• Kismaayo

océan
Indien

95

38 | Le Soudan

Le Soudan compte 19 groupes ethniques et 597 sous-groupes parlant plus de 100 langues et dialectes. Dès l'indépendance, en 1956, il était clair que, pour faire tenir un tel pays, il faudrait faire preuve de sagesse et de tolérance, disposer d'une stratégie de développement efficace et d'un peu de chance. Rien de tout cela ne se produisit.

Avant même d'être indépendant, le Soudan dut combattre les forces sécessionnistes du sud du pays. En 1972, un accord fut conclu. Après une interruption de onze années, la guerre redémarra en 1983 pour les mêmes raisons, quand un groupe d'officiers de l'armée se rebella et forma l'Armée de libération du peuple soudanais (ALPS).

Les estimations du nombre de tués depuis le redémarrage du conflit en 1983 varient de 1,2 million à plus de 2 millions. Environ 4 millions de Soudanais ont été déplacés.

Géographie ethnique du Soudan

FUR groupe ethnique prédominant

zone de langue arabe

ÉGYPTE — *lac Nasser* — mer Rouge

LIBYE

NUBIENS — *désert Nubien*

Dunqulah

BEJA Port-Soudan

TCHAD

Atbara

SOUDAN — *Nil*

ÉRYTHRÉE — Asmera

Omdurman — Kassala

Nil Bleu

• Khartoum

ZAGHAWA

monts Marra

Al-Ubbayid

lac Tana

FUR — *BAQQĀRAH*

Nil Blanc

NUBA

CHILLOUK

DINKA

Plateau éthiopien

ÉTHIOPIE

DINKA

BANDA — *NUER*

Sobat

NUER

Addis-Ababa

KREISH

DINKA

RÉP. CENTRAFRICAINE

ZANDÉ

• Juba

BARI

lac Turkana

RÉP. DÉMOCRATIQUE DU CONGO

OUGANDA

lac Albert

KENYA

Certains ont dû abandonner à plusieurs reprises leurs maisons durant la guerre, et dans la partie sud du pays, on estime que 80 % des habitants ont été déplacés au moins une fois.

Dans cette guerre, les forces gouvernementales et l'ALPS ne se combattent pas directement. Tandis que l'ALPS lance des attaques sur des cibles gouvernementales et les lignes de communication, les forces du gouvernement s'en prennent aux civils pour qu'ils cessent de soutenir l'ALPS.

Le gouvernement du Soudan a bombardé sans distinction les villages du Sud-Soudan, utilisé la famine comme une arme, forcé les civils à quitter leurs maisons et leurs villages et a soutenu les milices impliquées dans la vente d'esclaves. Des dizaines de milliers de civils ont été réduits en esclavage par les forces progouvernementales, bien que le gouvernement du Soudan ait constamment contesté les rapports faisant état de la réintroduction de l'esclavage sur son territoire.

L'ALPS et ses alliés s'en sont également pris sans distinction aux civils et les ont enrôlés de force (y compris des enfants) dans leurs rangs.

C'est la décision du gouvernement d'imposer la loi islamique (charia) qui déclencha les hostilités en 1983. Cela tend à faire croire que le conflit porte sur les différences ethniques et religieuses entre le Nord, majoritairement arabe et musulman, et le Sud, majoritairement noir, avec des croyances animistes et une minorité chrétienne. Cette impression générale est erronée. En 1991, la charia fut levée, mais la guerre continua.

Dans un pays aussi hétérogène que le Soudan, la population n'est pas divisée en deux. Les Arabes du Nord ne forment pas un groupe homogène, malgré une religion et une langue commune. Il existe de grandes diversités ethniques entre eux, et leurs modes de vie diffèrent, s'ils sont citadins, villageois ou nomades. Parmi les Africains qui vivent dans le sud du pays, les différences sont tout aussi importantes et ont pris des formes politiques au début des années 1990, quand l'ALPS se scinda et que des combats opposèrent les factions à majorité Dinka et à majorité Nuer qui s'étaient regroupées en son sein.

Si les différences culturelles et religieuses ont causé et entretenu le conflit, les questions de ressources et de territoires ont également joué un rôle, comme les gouvernements qui se sont succédé et qui, s'ils ont su exploiter les ressources du Sud, ne l'ont pas aidé à se développer économiquement.

En 1991, le renversement du Derg en Éthiopie priva l'ALPS d'un de ses principaux soutiens. C'est à cette période que le gouvernement du Soudan parvint à provoquer une scission au sein de l'ALPS. Mais il se montra incapable d'exploiter la situation de manière décisive, l'ALPS survécut et la guerre continua.

Le gouvernement actuel est arrivé au pouvoir par un coup d'État en 1989. Cherchant à jouer un rôle de premier plan dans la mouvance islamiste radicale, il a abrité Oussama Ben Laden pendant qu'il mettait sur pied le réseau al Qaida. Les pressions internationales conduisirent le Soudan à demander à Ben Laden de quitter son territoire en 1996.

À la fin des années 1990, deux facteurs ont joué un rôle dans l'extension du conflit. Le premier a été l'amalgame de l'ALPS avec des mouvements issus d'autres groupes ethniques au sein d'une Alliance démocratique nationale, en lutte contre le gouvernement.

Le second est le pétrole : pour permettre aux corporations internationales de développer les extractions de pétrole dans le Sud, les milices soutenues par le gouvernement ont déplacé les populations de ces zones par une politique de terreur et d'expropriations. Lorsqu'en 1999 une compagnie suédoise effectua les premiers tests de forages qui confirmèrent que le pétrole était exploitable, des dizaines de milliers de personnes vivant dans les environs durent quitter leurs maisons. Plus au nord, dans la zone des investissements canadiens, de larges portions du territoire furent vidées de leur population. Le revenu pétrolier donne au gouvernement les moyens d'équiper ses forces de matériel moderne. En réponse, l'ALPS lance des attaques sur les infrastructures pétrolières.

Concessions pétrolifères au Centre et Sud-Soudan

Concessions pétrolifères et gazières accordées au :

1 Greater Nile Petroleum Operating Company (Chine, Malaisie, Canada, Soudan)

2 Talisman Energy Inc (Canada)

3 Gulf Petroleum Corporation (Qatar)

4 Petronas Caligari (Malaisie), Sudapet (Soudan) et China National Petroleum Corporation (Chine)

5a
5b Lundin Oil AB/International Petroleum Corporation (Suède/É.-U.), Petronas Caligari (Malaisie) OMV Sudan Exploration GmbM (Autriche) et Sudapet (Soudan) 5 (central) Total

5 central TotalElfFina (France)

6 China National Petroleum Corporation (Chine)

7 Sudapet (Soudan), China National Petroleum Corporation (Chine)

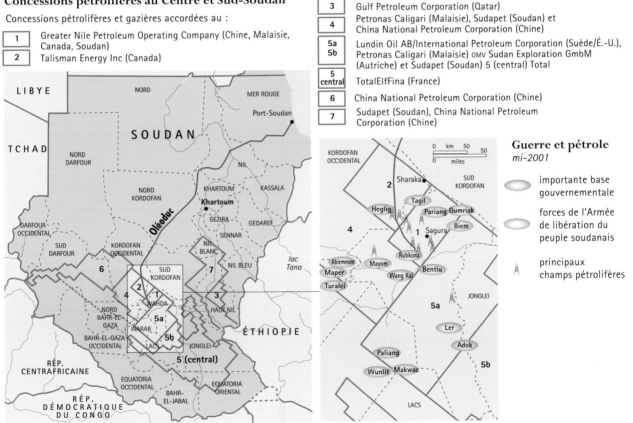

Guerre et pétrole
mi-2001

importante base gouvernementale

forces de l'Armée de libération du peuple soudanais

principaux champs pétrolifères

39 | L'Afrique australe

En moins de vingt ans, les espoirs placés en Afrique australe sont partis du plus bas pour atteindre les sommets et retomber à nouveau. Des guerres sans fin ont fait place à une ère d'accroissement de la démocratie et de construction de la paix, jusqu'à ce que le sida émerge et menace cet équilibre.

Dans les années 1980, les guerres ont ravagé la région. En Afrique du Sud, le régime de l'apartheid est entré dans sa phase la plus répressive avec une escalade des conflits à la fois internes et à l'étranger, puisqu'il commença à attaquer ses voisins. La Namibie livra une guerre d'indépendance contre l'Afrique du Sud. Au Mozambique, le gouvernement dut combattre un soulèvement soutenu par l'Afrique du Sud. En Angola, les rebelles soutenus par l'Afrique du Sud combattirent les forces gouvernementales soutenues par les soviétiques et leurs alliés cubains.

Vers la fin des années 1980, le dégel des relations Est-Ouest favorisa l'émergence de solutions pacifiques. La Namibie obtint son indépendance et les forces étrangères se retirèrent de l'Angola. Au début des années 1990, l'Angola et le Mozambique parvinrent tous deux à des accords de paix. Bien que l'accord n'ait pas tenu en Angola, celui du Mozambique survécut et, en 1994, le système de l'apartheid prit fin pacifiquement en Afrique du Sud.

La fin de la guerre au Mozambique a entraîné la mise en circulation de milliers d'armes légères dans la région, mais, bien que l'on compte plus de 400 meurtres par jour en Afrique du Sud, leur nombre n'a pas augmenté autant qu'on aurait pu le craindre au milieu des années 1990. Des millions de Sud-Africains vivent dans la misère et la fin de l'apartheid n'a pas mis un terme aux inégalités : les 10 % les plus riches gagnent 40 fois plus d'argent que les 10 % les plus pauvres.

Le Mozambique a eu encore plus de difficultés à tirer les dividendes de la paix, en raison de la faiblesse de son économie, de l'infestation de son territoire par les mines antipersonnel et des cyclones et inondations qui ont ravagé de larges zones en 2000 et 2001. Certaines des zones touchées par les inondations au centre du Mozambique furent de plus frappées par la sécheresse en 2002.

En Angola, les espoirs de paix furent anéantis en 1992 quand le chef rebelle Jonas Savimbi rejeta le résultat des élections qui lui était défavorable. La guerre continua pendant dix ans jusqu'à ce que Savimbi trouve la mort début 2002, ce qui poussa son mouvement, l'UNITA, à demander la paix.

L'adversaire de la paix en Afrique australe est aujourd'hui l'épidémie du HIV/sida. Les services médicaux sont incapables de faire face au chiffre croissant des infections, dont le nombre fut largement sous-estimé durant les années 1990. En 2001, 750 000 personnes en sont mortes et plus de 1,7 million d'enfants ont été rendus orphelins par le sida dans la région.

VIH/sida

■ nombre d'adultes vivant avec le VIH/sida
□ nombre d'enfants vivant avec le VIH/sida
■ morts dus au sida, *2001*
■ orphelins dus au sida

● taux d'infection

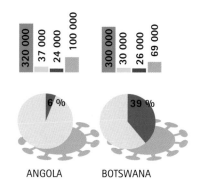

| 320 000 | 37 000 | 24 000 | 100 000 |

| 300 000 | 30 000 | 26 000 | 69 000 |

6 % ANGOLA   39 % BOTSWANA

Systèmes politiques

2001-2002

- **démocratie établie**
- **démocratie incertaine/ transitionnelle**
- **parti unique**
- **monarchie**
- **chaos**
- **conflits** *dates indiquées*

1961 Début de la guerre d'indépendance contre le Portugal.

Années 1960 Les nationalistes se divisent en trois groupes rivaux : le Front national pour la libération de l'Angola (FNLA), le Mouvement populaire pour la libération de l'Angola (MPLA) et l'Union nationale pour l'indépendance totale de l'Angola (UNITA).

1974 Coup d'État militaire et transition démocratique au Portugal. L'Empire portugais s'effondre.

1975 L'Angola devient indépendant (nov.) mais deux gouvernements prétendent le diriger, l'un formé par le MPLA, prosoviétique, l'autre par l'UNITA, soutenu par l'Afrique du Sud et certains États occidentaux.

1976 Le MPLA l'emporte grâce à l'aide des Cubains. Le gouvernement du MPLA est reconnu par l'ONU.

1977 Le MPLA écrase un coup d'État interne, se transforme en parti marxiste-léniniste et entame une désastreuse transformation économique d'inspiration communiste. L'industrie pétrolière (dirigée par des compagnies étrangères) continue de prospérer et empêche ainsi l'effondrement économique.

1984 Le FNLA dépose les armes mais l'UNITA de Jonas Savimbi, soutenue par l'Afrique du Sud et les États-Unis, continue le combat.

1988 L'Afrique du Sud promet de cesser de soutenir l'UNITA, tandis que Cuba accepte de se retirer avant mi-1991.

1991 Cessez-le-feu et reconnaissance de tous les partis politiques. Le MPLA abandonne officiellement le marxisme.

1992 Élections multipartites supervisées par l'ONU. Le MPLA remporte la majorité au Parlement et ne rate que de peu la majorité présidentielle. Savimbi rejette le résultat des élections, refuse de participer au second tour et reprend les hostilités.

1993 Les États-Unis et d'autres États occidentaux cessent de soutenir les factions en guerre. L'UNITA parvient à continuer le combat grâce au contrôle des mines de diamants qui lui rapportent approximativement 400 millions de dollars par an. Le nombre de morts avoisine les 1 000 par jour.

1994 L'UNITA et les représentants du gouvernement acceptent de reprendre le processus de paix.

1995 Nouveaux accords de cessez-le-feu, démobilisation de l'UNITA et création d'un gouvernement de coalition. Des forces de maintien de la paix de l'ONU sont envoyées sur place.

1997 Le gouvernement de coalition est officiellement investi, mais Jonas Savimbi décline tout poste et refuse de participer à la cérémonie par crainte pour sa sécurité.

1998 Les combats reprennent.

1999 L'ONU interrompt sa mission de maintien de la paix en Angola, critiquant toutes les parties pour leur manque d'implication dans le processus de paix.

2002 Savimbi est tué par les troupes gouvernementales. Le gouvernement et l'UNITA signent un accord de cessez-le-feu. En moins d'un mois, 85 % des troupes de l'UNITA sont regroupées dans des camps de démobilisation. Inquiétudes sur la disette qui règne dans ces camps.

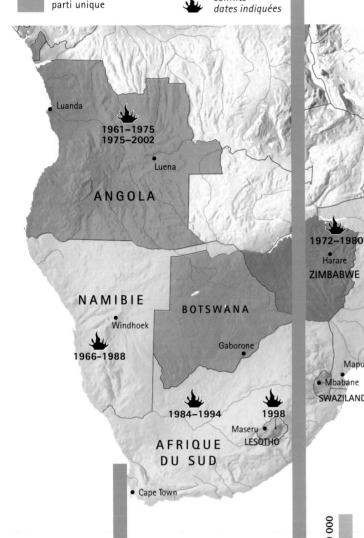

LESOTHO 330 000 / 27 000 / 25 000 / 73 000 — 31 %

MOZAMBIQUE 1 000 000 / 80 000 / 60 000 / 420 000 — 13 %

NAMIBIE 200 000 / 30 000 / 13 000 / 47 000 — 23 %

AFRIQUE DU SUD 4 700 000 / 300 000 / 360 000 / 660 000 — 20 %

SWAZILAND 150 000 / 14 000 / 12 000 / 35 000 — 33 %

ZIMBABWE 2 000 000 / 240 000 / 200 000 / 780 000 — 34 %

Conflits : 1961–1975 / 1975–2002 (ANGOLA) ; 1965–1974 / 1976–1992 (MOZAMBIQUE) ; 1972–1980 (ZIMBABWE) ; 1966–1988 (NAMIBIE) ; 1984–1994 ; 1998 (LESOTHO)

CHAPITRE HUIT

L'Amérique latine

1899-1903 Colombie : guerre civile. Libéraux contre conservateurs.
1904 Uruguay : guerre civile.
1906 Troisième guerre d'Amérique centrale : Guatemala contre Honduras et Salvador.
1907 Quatrième guerre d'Amérique centrale : Nicaragua contre Salvador et Honduras.
1910-20 Révolution mexicaine et guerres civiles.
1911-12 Paraguay : coup d'État et soulèvement.
1924 Honduras : coup d'État.
1926-30 Mexique : guerre civile.
1932 Salvador : soulèvement rural.
1932 Brésil : soulèvement dans la région de São Paulo.
1932-35 Guerre du Chaco : Bolivie contre Paraguay.
1947 Paraguay : soulèvement.
1948 Costa Rica : soulèvement.
1948-64 Colombie : guerre civile (la violencia).
1952 Bolivie : soulèvement.
1954 Guatemala : coup d'État militaire.
1955 Argentine : soulèvement.
1958-59 Révolution cubaine.
1965 République dominicaine : soulèvement.
1966 Colombie : guerre civile.

Au début des années 1990, des guerres civiles déchiraient la Colombie, le Salvador, le Guatemala, le Nicaragua, le Pérou et le Surinam. Dix ans plus tard, la guerre civile ne fait plus rage qu'en Colombie.

La tendance générale est au règlement des conflits et à la poursuite des efforts de démocratisation entrepris durant les années 1980. L'Argentine, le Brésil, le Chili et l'Uruguay ont développé et affermi leurs expériences démocratiques. Le bilan des droits de l'homme en Amérique latine était bien meilleur dans les années 1990 que dans les années 1980 et auparavant.

Dans la plupart des pays, les causes potentielles de conflits et de coups d'État persistent : les terres sont très inégalement réparties dans les zones rurales, et une pauvreté écrasante accable les grandes villes. Mais, en 2001 et 2002, les menaces à l'ordre public différaient des schémas traditionnels en Amérique latine ; elles provenaient plutôt du secteur financier.

Fin 2001 et début 2002, le système bancaire argentin s'est effondré, rendant une crise économique inévitable. Des présidents se sont succédé, certains ne conservant leur siège que quelques jours. Les manifestations monstres ont pris pour cible l'incompétence des dirigeants argentins. Les participants étaient majoritairement issus des classes moyennes, dont la vie avait été bouleversée par la crise économique. En mars 2002, c'est le cours de la monnaie vénézuélienne qui s'effondra. Comme en Argentine, les classes moyennes descendirent dans la rue pour manifester. Ces manifestations étaient le prélude à un coup d'État militaire en avril. Le remplaçant du président Chavez (qui avait lui-même tenté un coup d'État dix ans auparavant) fut rapidement renversé, et Chavez compta bientôt autant de supporters que de détracteurs. D'autres crises suivirent en Uruguay – où les banques durent être fermées brièvement et les magasins furent pillés pendant les manifestations dans la capitale – et au Brésil, qui reçut un prêt de 30 milliards de dollars du Fonds monétaire international après l'effondrement du cours de sa monnaie et de la valeur de ses bons du Trésor.

Ces successions de crises sont dangereuses à deux titres. Premièrement, elles sapent la confiance et instillent des doutes sur la compétence et l'honnêteté des politiciens élus. Dans des pays longtemps dirigés par des hommes à poigne qui ont aboli, restreint ou manipulé la démocratie, les crises économiques peuvent laisser à penser aux électeurs que voter est une perte de temps. Deuxièmement, lors des crises économiques majeures, si les riches ne souffrent pas autant que les pauvres, leurs intérêts sont tout de même touchés. Et si les riches sont plus écoutés que les pauvres, c'est aussi parce qu'ils ont des moyens d'action contre le gouvernement. Le mécontentement des masses ajouté à la détermination d'une petite élite à protéger ses intérêts à n'importe quel prix constitue une menace pour la liberté et la paix qui commencent à s'installer.

1968-96 Guatemala : guerre civile.
1969 « guerre du Football », Salvador contre Honduras.
1976-83 Argentine : la « Sale Guerre », terrorisme d'État du régime militaire.
1974-79 Révolution nicaraguayenne.
1979-91 Salvador : guerre civile.
1980-90 Nicaragua : guerre civile.
1980-99 Pérou : guerre civile (Sentier lumineux)
1982 Guerre des Malouines, Argentine contre R.-U.
1986-92 Surinam : insurrection.
1991 Haïti : coup d'État.
1992 Venezuela : tentative de coup d'État.
1994-95 Mexique : soulèvement du Chiapas.
1995 Guerre frontalière, Pérou et Équateur.
1996-98 Mexique, insurrection de faible ampleur.

L'Amérique latine vit dans l'ombre du pouvoir économique, politique et militaire des États-Unis. En 1823, le président Monroe mit en garde les États européens contre toute tentative d'interférence avec les États qui venaient de se libérer de la tutelle espagnole. Quatre-vingts ans plus tard, le président Roosevelt ajouta un corollaire à la doctrine Monroe dans lequel les États-Unis s'arrogeaient un droit d'intervention en cas d'inconduite d'un État d'Amérique latine. Les interventions directes des forces américaines pour affirmer le pouvoir des États-Unis déclinèrent après les années 1920 : à quelques exceptions près, les Américains préférèrent les opérations clandestines, l'assistance aux guérillas et aux gouvernements et les sanctions économiques. Une version modifiée du corollaire de Roosevelt apparut dans la politique du président Reagan dans les années 1980, quand son gouvernement se mit à soutenir des régimes conservateurs et à combattre ceux qui se montraient trop radicaux en Amérique centrale et dans les Caraïbes.

La question qui se pose aujourd'hui n'est pas de savoir si les États-Unis vont utiliser leur puissance en Amérique latine – les grandes puissances utilisent leur pouvoir et il est irréaliste d'espérer le contraire –, mais plutôt pour quels objectifs et de quelle manière cette puissance sera utilisée. Pour empêcher que des crises économiques n'entraînent de l'instabilité politique et des conflits ? Pour accroître la libéralisation de la vie politique en Amérique latine ? C'est, après tout, ce que les États-Unis font dans certaines parties du globe en proie à des conflits. Mais ils pourraient aussi prendre parti et s'appliquer à remettre les « mauvais élèves » dans le droit chemin, comme ils le font ailleurs dans le monde.

Points chauds en Amérique latine 2002

guerre

guerre récente *depuis 1990*

tension récente *depuis 1990*

40 La Colombie et ses voisins

Production de feuilles de coca
en milliers de tonnes

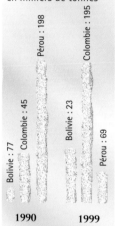

Bolivie : 77
Colombie : 45
Pérou : 198

1990

Bolivie : 23
Pérou : 69
Colombie : 195

1999

La Bolivie, la Colombie et le Pérou fournissent à eux trois presque la moitié de la production mondiale de cocaïne. En Bolivie et Pérou, les programmes de lutte contre la drogue sont parvenu à réduire la culture de la feuille de coca, mais ont accéléré son expansion en Colombie. La Colombie est également le plus gros producteur d'Opium au monde.

Les querelles territoriales et les luttes de pouvoir sous-tendent la majorité des conflits armés qui ont ravagé la Colombie et les autres pays du nord de l'Amérique latine depuis leur indépendance, il y a près de deux siècles.

Depuis l'indépendance, les États de la région ont constamment dû lutter pour remplir les fonctions de base d'un État moderne. Impuissants à maintenir l'ordre chez eux, ils se sont aussi montrés incapables de faire valoir leurs intérêts nationaux face aux exigences de leur grand voisin du Nord. Durant de longues périodes, certains de ces États (particulièrement la Bolivie, l'Équateur et le Venezuela) furent de plus dirigés par des individus ou des cliques qui s'intéressaient moins au bien-être général qu'à leur propre enrichissement.

En Colombie, les causes de chacune des guerres proviennent des problèmes non résolus par la guerre précédente. Lors des années 1940 et 1950, pendant la guerre civile connue sous le nom de « Violencia », il était presque impossible de distinguer les différences idéologiques entre les protagonistes. La paix n'étant pas parvenue à amener la prospérité dans les années 1960, des groupuscules armés, dont les FARC (Forces révolutionnaires colombiennes), émergèrent parmi les forces communautaires qui s'étaient formées durant la Violencia.

Les plants de coca offrent aux paysans pauvres des récoltes bien plus rentables que les autres. Elles alimentent la criminalité, et les profits engendrés par le trafic de cocaïne permettent aux guérillas de s'équiper aussi correctement que n'importe quelle autre force nationale de la région : durant la plus grande moitié des années 1990, les FARC disposaient de plus de combattants que l'armée colombienne. La persistance de l'état de guerre combiné à la présence de puissantes organisations criminelles en Colombie est une menace pour la région : les combats touchent les États limitrophes, la corruption due à la cocaïne s'y développe, et les réfugiés en franchissent les frontières pour y chercher aide et protection.

Colombie

1821 Indépendance de la *Gran Colombia*, comprenant l'actuel Équateur, le Panama et le Venezuela.
1829-30 Sécession de l'Équateur et du Venezuela.
1840 La guerre civile interrompt l'industrialisation et désorganise le commerce.
Fin des années 1840 Les groupes rivaux fusionnent au sein du Parti libéral (modernes, orientés vers le marché) ou du Parti conservateur (traditionnels, propriétaires fonciers).
Années 1860–1870 « Époque des guerres civiles », effondrement de l'ordre public.
Années 1880 Nouveaux conflits.
1899-1903 « Guerre des mille jours » entre les libéraux et les conservateurs – 130 000 morts.
1903 Traité avec les É.-U. pour la construction du canal de Panama rejeté par le Sénat colombien. Rébellion panaméenne discrètement appuyée par les É.-U., puis sécession.
1946-64 «La Violencia » : plus de 200 000 morts dans un conflit entre libéraux et conservateurs (certaines estimations vont jusqu'à 350 000).
1954, 1957 Coups d'État militaires.
1957 Accord de partage du pouvoir entre les libéraux et les conservateurs (présidence tournante, représentation à 50/50 dans le gouvernement et le corps législatif).
Début des années 1960 Stagnation économique et hyper-inflation.
1964 Formation de l'Armée nationale de libération (ELN)
1966 Formation des Forces armées révolutionnaires colombiennes (FARC)
1973-74 Formation du Mouvement du 19 avril (M-19)
Fin des années 1970 Expansion de la production et de l'exportation de narcotiques depuis la Colombie – marijuana pour commencer, puis cocaïne.
1985 Le M-19 capture des centaines d'otages dans le palais de justice, entraînant un assaut des militaires et la mort d'une centaine de personnes, dont la moitié des juges de la Cour suprême.
Années 1980 Des groupes paramilitaires formés par des propriétaires terriens combattent la guérilla de gauche. Croissance du marché de la drogue, apparition des cartels de Cali et de Medellin.
1989 Le M-19 devient un parti politique à la suite d'un accord avec le gouvernement.
1991-92 Négociations du gouvernement avec l'ELN et les FARC.
1998 Nouvelles négociations avec l'ELN et les FARC. Les FARC se voient accordée une enclave de sécurité (approxima-tivement de la taille de la Suisse) pour encourager leur participation à l'effort de paix.
2000 Assistance militaire d'un milliard de dollars en provenance des É.-U. pour combattre le marché de la drogue.
2002 Fin des négociations de paix. Les FARC demandent à plus de 100 maires de quitter leurs fonctions sous peine d'être tués.

Exportations colombiennes de la cocaïne

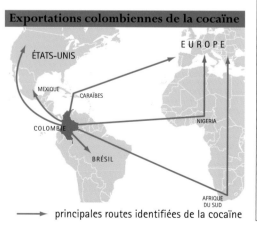

ÉTATS-UNIS
EUROPE
MEXIQUE
CARAÏBES
NIGERIA
COLOMBIE
BRÉSIL
AFRIQUE DU SUD

→ principales routes identifiées de la cocaïne

mer des Caraïbes

Barranquilla

PANAMA

océan
Pacifique

Bellavista · Medellin
COLOMBIE
· Bogotá
Cali · · Uribe · Mesetas
· Vista Hermosa
San Vicente · La Macarena
del Caguan

· Quito

ÉQUATEUR

PÉROU

VENEZUELA

BRÉSIL

BOLIVIE

Colombie

enclave des FARC

actions militaires par
ou contre les FARC dans
les États voisins

réfugiés fuyant les
combats en Colombie

Venezuela

1830 Sécession avec la *Gran Colombia*.
1830–1945 Gouverné par une succession de *caudillos* (chefs militaires autocrates).
Avant 1914 Premières exploitations des ressources pétrolières.
Années 1920 Premier exportateur mondial de pétrole.
1945-48 Un coup d'État mené par des civils et des militaires installe le premier gouvernement soutenu par la majorité de la population, sous le président Betancourt.
1948-1958 Dictature militaire.
1959 Rómulo Betancourt élu président pour un 2ᵉ mandat (réélu en 1963).
1969 Pour la première fois, un président du Venezuela quitte ses fonctions après le résultat des élections.
Années 1970 et 1980 Boom économique dû à l'augmentation du cours mondial du pétrole, suivi d'une récession due à la chute de ce cours.
1989 Émeutes contre les mesures d'austérité, extension des pillages, centaines de morts.
1992 Tentative de coup d'État dirigée par le colonel Hugo Chavez.
1998 Chavez est élu président (réélu en 2000).
2001 Des millions de personnes se mobilisent contre la politique économique du gouvernement.
2002 Coup d'État raté contre le président Chavez.

Bolivie

1825 Indépendance.
1825-80 Politique et pouvoir dominés par des *caudillos* (chefs militaires autocrates gouvernant dans leurs propre intérêt).
1979-83 Guerre avec le Chili, perte de la région côtière.
1880 Début de l'ère des gouvernements civils.
1932-35 « Guerre du Chaco » avec le Paraguay : défaite, 57 000 morts et pertes territoriales.
1936 Coup d'État militaire : autres coups d'État et soulèvements en 1943, 1946 et 1951.
1952 Soulèvement : gouvernement civil réformateur jusqu'en 1964.
1964-78 Dictature militaire dirigée par des chefs successifs.
1978-79 Tentative de retour à un gouvernement civil.
1980 Le « Putsch de la cocaïne » porte le général Meza au pouvoir : répression extrême, assassinats, torture et corruption, chefs de la junte impliqués dans le trafic de cocaïne.
1981 Retour à un gouvernement civil.
Fin des années 1980 Assistance militaire des États-Unis pour aider le gouvernement bolivien à lutter contre le trafic de drogue.

Équateur

1830 Sécession avec la *Gran Colombia*.
1830-1925 Politique dominée par la rivalité entre libéraux (monde des affaires) et conservateurs (propriétaires fonciers), les deux types de gouvernement tendant également à l'autoritarisme.
1925 Coup d'État militaire : l'autoritarisme politique continue, turbulence, affaiblissement économique.
1848-1960 Période de gouvernement constitutionnel et de croissance économique.
1953-66 Dictature militaire.
1972-79 Dictature militaire.
1979 Retour à un gouvernement civil.
1987 Pour protester contre sa politique économique, l'armée kidnappe et maltraite le président Cordero.
2000 Le président Mahaud est déposé par un coup d'État militaire soutenu par des manifestations de masse.

Pérou

1824 Indépendance.
1968-78 Dictature militaire.
1980 Apparition de la guérilla du « Sendero Luminoso » (Sentier lumineux).
1980-85 Le taux d'inflation atteint 3 240 %
1990 Alberto Fujimori élu président. Introduction de l'austérité économique avec une hausse de 3 000 % du prix du pétrole entraînant la hausse du prix des produits de première nécessité.
1992 Coup d'État interne de Fujimori qui dissout le Congrès et suspend la Constitution avec l'aide des militaires. Le chef du Sentier lumineux est capturé.
1994 Vote d'une nouvelle constitution permettant à Fujimori de se représenter.
1994 6 000 guérilleros du Sentier lumineux se rendent.
2000 L'administration est frappée par un scandale de pots-de-vin, démission de Fujimori et fuite de ce dernier au Japon.
2001 Mandat d'arrêt contre Fujimori.
2002 Manifestations violentes et regain d'activité manifeste du Sentier lumineux (probablement aux alentours de 400 guérilleros).

41 L'Amérique centrale

Les États de l'Amérique centrale ont eu encore plus de mal que leurs voisins du Sud à se stabiliser et ont été sujets aux pressions américaines.

Le processus de paix au Guatemala

Plus de 200 000 personnes ont été tuées lors de la guerre civile. Les militaires ont ouvertement pratiqué des massacres pour s'imposer par la terreur. Pour mettre un terme à ce conflit, des contacts furent pris en 1987 entre le gouvernement et les rebelles. Trois ans plus tard, un accord fut conclu à Oslo, avec l'établissement d'un processus de paix. Mais la guerre continua et, après Oslo, le processus de paix sembla s'enliser. En 1994, on parvint à un accord de principe permettant de reprendre les négociations, avec le soutien d'un « Groupe d'amis », constitué par la Colombie, l'Espagne, les États-Unis, le Mexique, la Norvège et le Venezuela. Des accords successifs suivirent portant sur :

• le calendrier d'implantation du processus, les droits de l'homme, la réinstallation des populations déplacées et la création d'une commission d'enquête (en mars 1994) ;
• les droits des populations indigènes (mars 1995) ;
• des aspects socio-économiques (mai 1996) ;
• La réduction du rôle des forces armées (septembre 1996) ;
• Cessez-le-feu définitif, réformes constitutionnelles, reconnaissance des organisations rebelles, procédures de vérification et de contrôle et accord de paix final (décembre 1996).

Le processus de paix au Guatemala est inhabituel par son exhaustivité, particulièrement dans sa prise en compte des facteurs socio-économiques au sein de l'accord, reflétant le désir de traiter les causes profondes du conflit.

L'application de cette série complexe d'accords devait se terminer fin 2000, ce qui était trop ambitieux. La mise en application fut parcellaire et particulièrement lente pour ce qui concerne les droits des indigènes. Bien que 93 % des atrocités perpétrées pendant la guerre

La « guerre du Football »

Trois rencontres opposant, en 1969, le Salvador au Honduras en vue des qualifications pour la Coupe du monde de l'année suivante furent le prélude à une guerre entre ces deux pays. Il fallait chercher ses véritables causes dans une vieille querelle frontalière et dans le ressentiment causé au Honduras par la présence massive d'immigrés salvadoriens. Le gouvernement salvadorien entama les hostilités après la diffusion de rapports sur des mauvais traitements infligés aux réfugiés salvadoriens. La guerre dura deux semaines, fit plusieurs milliers de morts et ne fut définitivement réglée par un accord qu'en 1980.

Guatemala

1823 Devient membre des Provinces unies d'Amérique centrale.
1848 État indépendant.
1944 Dictature renversée par un soulèvement populaire, introduction d'une nouvelle Constitution démocratique.
1951 Jacobo Arbenz est élu président ; réformes foncières radicales menaçant les intérêts américains, particulièrement la United Fruit Company.
1954 Arbenz est évincé par un soulèvement organisé par la CIA, ouvrant une période prolongée d'instabilité politique.
1968 Début de la guerre civile.
1996 Accord de paix final. Fin de la guerre civile.

Salvador

1824 Devient membre des Provinces unies d'Amérique centrale.
1841 État indépendant.
1931 Coup d'État militaire suivi d'une succession de gouvernements militaires soutenus par les propriétaires terriens.
1932 Un soulèvement d'ouvriers agricoles est écrasé, plus de 10 000 participants présumés sont exécutés.
1969 Guerre du Football avec le Honduras.
Années 1970 Augmentation de l'opposition au régime et répression. Mécontentement croissant des élites à l'égard du régime militaire.
1979 Début de la guerre civile.
1980 Effondrement du régime militaire, début des efforts de transition démocratique. Les observateurs doutent fortement de l'équité des élections successives qui se tiennent durant les années 1980.
1981 Assistance financière et formation militaire des États-Unis pour mener la guerre contre la guérilla d'extrême gauche.
1991 Accord de paix.

Honduras

1823 Devient membre des Provinces unies d'Amérique centrale.
1838 Indépendance.
1963–71 et 1972–81 Dictature militaire.
1969 Guerre du Football contre le Salvador.
Années 1980 Base arrière des Contras soutenus par les États-Unis, luttant pour renverser les Sandinistes d'extrême gauche au Nicaragua.
1998 Ouragan Mitch : plusieurs milliers de morts, plus d'un million de sans-abri. Destruction étendue des infrastructures routières, des villes et des campagnes.

l'aient été par les forces du gouvernement, peu d'efforts ont été faits pour que les responsables rendent des comptes. En 1999, les réformes constitutionnelles convenues lors du processus de paix furent rejetées par un référendum dont le taux de participation fut dérisoire (moins de 19 % des inscrits). La paix demeure donc fragile.

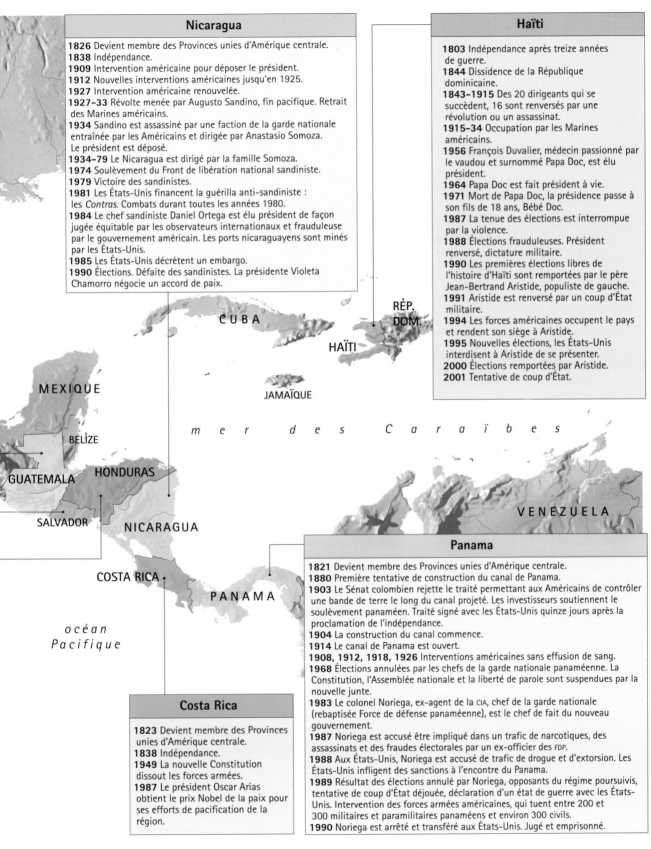

Nicaragua

1826 Devient membre des Provinces unies d'Amérique centrale.
1838 Indépendance.
1909 Intervention américaine pour déposer le président.
1912 Nouvelles interventions américaines jusqu'en 1925.
1927 Intervention américaine renouvelée.
1927–33 Révolte menée par Augusto Sandino, fin pacifique. Retrait des Marines américains.
1934 Sandino est assassiné par une faction de la garde nationale entraînée par les Américains et dirigée par Anastasio Somoza. Le président est déposé.
1934–79 Le Nicaragua est dirigé par la famille Somoza.
1974 Soulèvement du Front de libération national sandiniste.
1979 Victoire des sandinistes.
1981 Les États-Unis financent la guérilla anti-sandiniste : les *Contras*. Combats durant toutes les années 1980.
1984 Le chef sandiniste Daniel Ortega est élu président de façon jugée équitable par les observateurs internationaux et frauduleuse par le gouvernement américain. Les ports nicaraguayens sont minés par les États-Unis.
1985 Les États-Unis décrètent un embargo.
1990 Élections. Défaite des sandinistes. La présidente Violeta Chamorro négocie un accord de paix.

Haïti

1803 Indépendance après treize années de guerre.
1844 Dissidence de la République dominicaine.
1843–1915 Des 20 dirigeants qui se succèdent, 16 sont renversés par une révolution ou un assassinat.
1915–34 Occupation par les Marines américains.
1956 François Duvalier, médecin passionné par le vaudou et surnommé Papa Doc, est élu président.
1964 Papa Doc est fait président à vie.
1971 Mort de Papa Doc, la présidence passe à son fils de 18 ans, Bébé Doc.
1987 La tenue des élections est interrompue par la violence.
1988 Élections frauduleuses. Président renversé, dictature militaire.
1990 Les premières élections libres de l'histoire d'Haïti sont remportées par le père Jean-Bertrand Aristide, populiste de gauche.
1991 Aristide est renversé par un coup d'État militaire.
1994 Les forces américaines occupent le pays et rendent son siège à Aristide.
1995 Nouvelles élections, les États-Unis interdisent à Aristide de se présenter.
2000 Élections remportées par Aristide.
2001 Tentative de coup d'État.

CUBA

RÉP. DOM.

HAÏTI

JAMAÏQUE

MEXIQUE

BELIZE

GUATEMALA

HONDURAS

SALVADOR

NICARAGUA

COSTA RICA

PANAMA

VENEZUELA

mer des Caraïbes

océan Pacifique

Costa Rica

1823 Devient membre des Provinces unies d'Amérique centrale.
1838 Indépendance.
1949 La nouvelle Constitution dissout les forces armées.
1987 Le président Oscar Arias obtient le prix Nobel de la paix pour ses efforts de pacification de la région.

Panama

1821 Devient membre des Provinces unies d'Amérique centrale.
1880 Première tentative de construction du canal de Panama.
1903 Le Sénat colombien rejette le traité permettant aux Américains de contrôler une bande de terre le long du canal projeté. Les investisseurs soutiennent le soulèvement panaméen. Traité signé avec les États-Unis quinze jours après la proclamation de l'indépendance.
1904 La construction du canal commence.
1914 Le canal de Panama est ouvert.
1908, 1912, 1918, 1926 Interventions américaines sans effusion de sang.
1968 Élections annulées par les chefs de la garde nationale panaméenne. La Constitution, l'Assemblée nationale et la liberté de parole sont suspendues par la nouvelle junte.
1983 Le colonel Noriega, ex-agent de la CIA, chef de la garde nationale (rebaptisée Force de défense panaméenne), est le chef de fait du nouveau gouvernement.
1987 Noriega est accusé être impliqué dans un trafic de narcotiques, des assassinats et des fraudes électorales par un ex-officier des FDP.
1988 Aux États-Unis, Noriega est accusé de trafic de drogue et d'extorsion. Les États-Unis infligent des sanctions à l'encontre du Panama.
1989 Résultat des élections annulé par Noriega, opposants du régime poursuivis, tentative de coup d'État déjouée, déclaration d'un état de guerre avec les États-Unis. Intervention des forces armées américaines, qui tuent entre 200 et 300 militaires et paramilitaires panaméens et environ 300 civils.
1990 Noriega est arrêté et transféré aux États-Unis. Jugé et emprisonné.

CHAPITRE NEUF

Consolider la paix

MOINS DE CINQ ANS APRÈS LEUR SIGNATURE, 50 % des accords de paix sont rompus. L'expérience des années 1990 nous montre qu'ils le sont généralement pour une ou plusieurs de ces cinq raisons :

• L'un des participants (parfois les deux) n'est pas sincère ; il ment, triche et sa signature en bas du traité n'est qu'un faux en écriture. Bien que cela puisse paraître surprenant, une telle malhonnêteté est plutôt rare. Le FRU de Sierra Leone est le parfait exemple d'un belligérant ayant signé des accords sans sérieusement penser les respecter.

• L'implication d'un des participants (ou des deux) dans le processus était sujette à des conditions énoncées tardivement. Lorsqu'en 1992 Jonas Savimbi fut par exemple battu aux élections en Angola, le processus de paix n'avait plus, de son point de vue, aucun intérêt. Il l'abandonna et la guerre reprit pour dix ans.

• L'accord divise l'un des participants (parfois les deux). Les querelles internes jouent souvent un rôle plus important dans l'échec d'un accord que les divergences entre belligérants. Le processus israélo-palestinien est le parfait exemple d'une paix rendue impossible par les divisions intestines des deux participants. Le processus de paix d'Irlande du Nord a, quant à lui, survécu aux diverses crises provoquées par les divisions d'un des camps, puis de l'autre.

• Les conséquences de la guerre (économiques, militaires, humaines, politiques et/ou sociales) sont telles que le pays ne peut plus fonctionner normalement. La paix ne remplit pas ses promesses et l'anéantissement des espoirs qu'elle avait suscités provoque chez certains le désir d'en revenir à la violence. L'expérience de la guerre ne rend pas pacifiste pour autant.

La guerre entraîne pour certains une véritable répulsion à l'égard de toute violence, mais elle pousse au moins autant de personnes à s'y adonner plus encore.

• Les causes profondes du conflit n'ont pas été traitées, les problèmes demeurent non résolus et, passé un certain temps, le pays glisse de nouveau dans la guerre parce qu'elle semble être la seule solution et que les dirigeants ne savent pas faire autre chose.

En 1992, le secrétaire général de l'ONU, M. Boutros Boutros-Ghali, a rédigé un rapport pour le Conseil de sécurité dans lequel il sépare les différentes missions de pacification. Le « maintien de la paix » se produit quand un accord a été conclu, le « rétablissement de la paix » est le résultat d'une décision du Conseil de sécurité d'imposer la paix dans une région en guerre, la « diplomatie préventive » est une intervention dans une région à haut risque pour empêcher un conflit de se transformer en guerre. La « consolidation de la paix » est le nom que Boutros-Ghali donne au processus visant à aider une société à se remettre de la guerre. Il signifie plus qu'une simple reconstruction, car la reconstruction simple peut déboucher sur un retour aux systèmes et structures qui ont entraîné le conflit. La consolidation de la paix est complexe, coûteuse et lente. Ses quatre composantes (sécurité, développement socio-économique, construction d'institutions politiques et réconciliation) sont les piliers qui soutiennent l'édifice. Si l'un d'entre eux est faible, la structure entière peut s'effondrer.

Les bâtisseurs de paix (l'ONU, les organisations de coopération intergouvernementale, les organisations non gouvernementales) ne peuvent rien laisser au hasard. Ils sont les garants de la paix et doivent empêcher les gêneurs de saboter le processus de paix. Ils ont pour mission de mettre fin au marché noir et à la corruption afin qu'une économie saine puisse fonctionner. Ils doivent débarrasser le pays des mines terrestres pour que les agriculteurs puissent reprendre leurs activités, transformer les combattants en travailleurs et en consommateurs, s'occuper des enfants soldats traumatisés et encourager la réconciliation entre des groupes qui parlent depuis trop longtemps le langage de la haine. Pendant tout ce temps, ils seront accusés de se comporter en néocolonialistes à l'intérieur du pays et, à l'extérieur, d'être lents et inefficaces.

Comparés à cette structure sur quatre piliers, les processus de paix des années 1990 ressemblent à des tabourets à trois pieds : une force de sécurité massive, un envoi massif d'argent et la tenue d'élections le plus vite possible. Dans la majorité des cas, ce genre d'intervention ne sert à rien et se montre plutôt contre-productive.

Sortir d'un conflit présente de multiples difficultés que des personnes ayant toujours vécu en paix ont souvent du mal à saisir. Les expériences vécues pendant une guerre (comme devoir quitter sa maison et vivre dans un camp de réfugiés ou devoir rester chez soi comme durant le siège de Sarajevo de 1992 à 1995) rendent dérisoire toute projection dans le futur au-delà de quelques jours. Pourquoi faire des projets pour l'année prochaine puisque l'on peut mourir demain en allant chercher du pain ?

Et si l'on perd la capacité à envisager le futur lointain, pourquoi perdre son temps à faire des études ou ouvrir un commerce et travailler dur en espérant gagner de l'argent sur le long terme ? Si les gens n'ont plus aucune envie de se former, d'apprendre ou d'investir, il est impossible de relever l'économie. Le pays demeurera dépendant de l'aide extérieure, jusqu'à ce que les bailleurs de fonds internationaux s'en désintéressent et décident de se préoccuper d'un autre conflit.

Face à la lenteur des efforts de paix qu'ils soutiennent, les hommes politiques font souvent preuve d'impatience. Ils semblent moins s'intéresser aux efforts qui pourraient permettre d'empêcher une guerre d'éclater, tout simplement parce que aucun homme politique n'a jamais été réélu pour avoir empêché une guerre qui aurait pu ne pas se produire dans un pays dont ses électeurs n'ont jamais entendu parler.

Malgré tout, après dix ans de consolidation de la paix, les gouvernements, organisations intergouvernementales et non gouvernementales acquièrent de l'expérience. Des échecs se produisent encore, mais on enregistre heureusement quelques succès.

SÉCURITÉ

Asseoir la paix, appliquer les cessez-le-feu, etc.

Désarmement, démobilisation et réintégration des combattants dans la société (former et éduquer)

Prise en charge des enfants soldats

Campagnes de déminage

Réformes de la sécurité sociale

Contrôle des ventes et achats d'armes légères

SOCIO-ÉCONOMIQUE

Reconstruction

Investissement dans des équipements et dans l'infrastructure économique

Écoles

Hôpitaux

Retour des réfugiés

42 Les accords de paix

Les guerres peuvent se terminer autrement que par un accord de paix : par une victoire ou une défaite, par l'épuisement d'un ou des deux protagonistes ou par un bouleversement fondamental des circonstances ayant provoqué le conflit. Quand un accord de paix est conclu, il n'est que le début d'un long processus perpétuellement voué à l'échec et durant lequel la reprise des hostilités sera une menace constante. Après des années de processus, les protagonistes peuvent s'impliquer de plus en plus, rendant la paix inévitable, au point qu'elle n'est plus un but mais un état de fait. Toutefois il arrive que le nombre des années efface de la mémoire collective les horreurs de la guerre, et les hommes politiques qui désirent la paix doivent alors l'imposer. Dans tous les cas, si les combats reprennent après la conclusion d'un accord, ils redoublent bien souvent de violence.

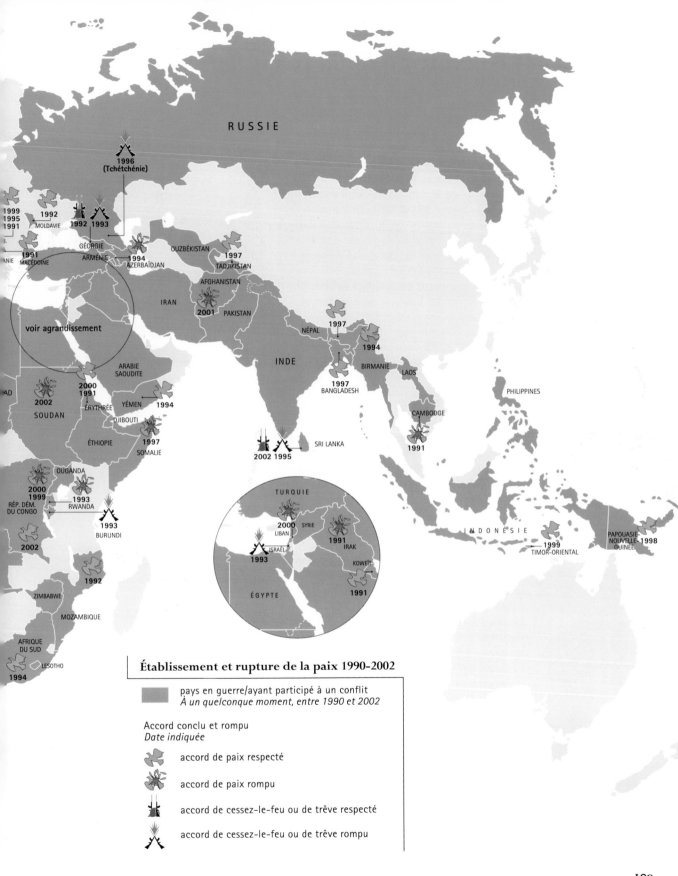

RUSSIE

1996
(Tchétchénie)

1999
1995
1991

1992
MOLDAVIE

1992 1993

1991
MACÉDOINE

GÉORGIE

ARMÉNIE
1994
AZERBAÏDJAN

OUZBÉKISTAN

1997
TADJIKISTAN

AFGHANISTAN

2001 PAKISTAN

IRAN

voir agrandissement

INDE

ARABIE
SAOUDITE

2000
1991
ÉRYTHRÉE

YÉMEN
1994

DJIBOUTI

SOUDAN

2002

ÉTHIOPIE

1997
SOMALIE

NÉPAL

1997

BIRMANIE

1994

1997
BANGLADESH

LAOS

PHILIPPINES

CAMBODGE

1991

SRI LANKA

2002 1995

OUGANDA

2000
1999

1993
RWANDA

1993
BURUNDI

RÉP. DÉM.
DU CONGO

2002

1992

ZIMBABWE

MOZAMBIQUE

AFRIQUE
DU SUD

LESOTHO

1994

INDONÉSIE

1999
TIMOR-ORIENTAL

PAPOUASIE
NOUVELLE-1998
GUINÉE

TURQUIE

2000
LIBAN

1993

ISRAËL

SYRIE

1991
IRAK

KOWEÏT

1991

ÉGYPTE

Établissement et rupture de la paix 1990-2002

pays en guerre/ayant participé à un conflit
À un quelconque moment, entre 1990 et 2002

Accord conclu et rompu
Date indiquée

accord de paix respecté

accord de paix rompu

accord de cessez-le-feu ou de trêve respecté

accord de cessez-le-feu ou de trêve rompu

Le maintien de la paix

La première mission de maintien de la paix de l'ONU a débuté en 1948. En 2002, on comptait 15 missions de l'ONU en activité.

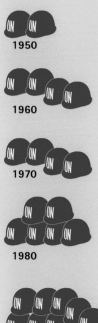

1950

1960

1970

1980

1990

2000

En 1989, la fin de la guerre froide a libéré les Nations unies des contraintes que la rivalité entre les superpuissances faisait peser sur elle. Cela influa directement sur sa capacité à déployer un grand nombre de forces de maintien de la paix. Entre 1990 et 1994, quinze missions de maintien de la paix ont été déployées, soit autant que lors des quarante années précédentes.

Les opérations sont devenues plus fréquentes et elles sont également plus ambitieuses. Aux simples opérations de contrôle des accords de cessez-le-feu et des lignes de démarcation se sont ajoutées la préparation d'élections, la réintégration des combattants au sein de la société, l'instruction de la police ; certaines tentent même d'encourager les réconciliations. Avec des objectifs aussi ambitieux, d'inévitables échecs se produisent.

Les missions données aux forces de maintien de la paix dépassent bien souvent leurs capacités. Les décisions prises par le Conseil de sécurité de l'ONU ne sont pas toujours appuyées dans les faits par les États membres, et de nombreuses opérations ne disposent ni des moyens financiers ni des effectifs nécessaires à leur accomplissement.

Dans la majorité de ces opérations, les soldats ne disposent que d'armes légères et ne doivent les utiliser qu'en cas de légitime défense, après avoir été pris pour cible. En 1995, l'envoi sous la dénomination de « Forces de maintien de la paix » de Casques bleus hollandais en Bosnie-Herzégovine conduisit ces derniers à assister impuissants au massacre de plus de 7 000 personnes à Srebrenica par des Serbes de Bosnie. En 2000, 500 Casques bleus furent retenus en otage par les forces rebelles en Sierra Leone.

Dans de nombreux autres cas (comme en Amérique centrale, au Mozambique, en Namibie ou au Cambodge), les missions de maintien de la paix de l'ONU ont aidé des sociétés ravagées par la guerre à passer le cap des accords de paix initiaux pour atteindre une paix stable.

Contribution des États de l'OTAN aux opérations de maintien de la paix de l'ONU ou hors ONU

Au milieu des années 1990, l'insatisfaction engendrée par l'ONU et par ses opérations a conduit plusieurs États, et notamment les États-Unis, à engager leurs forces de maintien de la paix sous commandement extérieur à l'ONU. Dans deux des plus grandes opérations menées (en Bosnie-Herzégovine depuis 1995 et au Kosovo depuis 1999), les forces armées ne sont pas sous le commandement de l'ONU.

Rapport entre les effectifs impliqués dans des opérations hors ONU et des opérations de l'ONU
2001-2002

Pologne 1/0,8
Portugal 1/0,7

France, Italie, R.-U. 1/15
Danemark, Hongrie 1/12
Canada 1/8

Belgique 1/75
Norvège 1/60
Allemagne 1/30
Rép. tchèque 1/25

Espagne 1/500
États-Unis 1/350
Grèce 1/190
Turquie 1/160
Pays-Bas 1/130

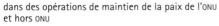

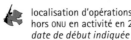

Opérations de maintien de la paix 2002

États possédant du personnel militaire et/ou des policiers impliqués

dans des opérations de maintien de la paix de l'ONU et hors ONU

uniquement dans des opérations de maintien de la paix de l'ONU

uniquement dans des opérations de maintien de la paix hors ONU

autres États ayant fourni du personnel militaire ou des policiers à des opérations de maintien de la paix de l'ONU antérieures

autres pays

plus de 100 personnes dans des opérations de maintien de la paix de tous types. *2002*

moins de 100 personnes dans des opérations de maintien de la paix de tous types. *2002*

Localisations

localisation d'opérations de maintien de la paix de l'ONU en activité en 2002 *date de début indiquée*

localisation d'opérations de maintien de la paix hors ONU en activité en 2002 *date de début indiquée*

localisation des anciennes opérations de maintien de la paix de l'ONU. *dates de début et de fin indiquées*

44 Les processus de paix

Débuter une guerre ne demande pas de qualités particulières à un homme politique, mais il doit se montrer pragmatique et visionnaire pour ramener la paix. Détruire est plus facile que reconstruire et, bien souvent, la reconstruction seule ne suffit pas. Il n'est donc pas surprenant que le bilan des processus de paix soit mitigé et que les perspectives de paix soient difficiles à interpréter. Bien qu'elles puissent paraître bouchées à certains moments, il faut se souvenir que des accords de paix ont pu mettre fin à des conflits aussi longs que celui d'Irlande du Nord, aussi brutaux que celui du Cambodge ou aussi enracinés que celui d'Afrique du Sud.

Les résumés reflètent les conditions vers la fin de l'année 2002.

Kosovo

Perspectives de paix : dépendantes de la poursuite de l'aide extérieure

La guerre contre la Yougoslavie menée par l'OTAN a pris fin avec l'envoi d'une force internationale au Kosovo. Les nationalistes albanais ont poursuivi leurs violences sporadiques contre leurs rivaux politiques serbes et albanais. Les élections municipales d'octobre 2002 ont été entachées par des violences entre les partis politiques. Dans la majorité des municipalités serbes, le nombre de participants fut faible, révélant leur profond scepticisme quant à la volonté des Albanais du Kosovo d'accepter un État multiethnique. Des progrès économiques notables ont été faits mais la province demeure dépendante de l'aide extérieure et son statut constitutionnel (indépendance ou maintien dans la Serbie, ce qui est son statut actuel) demeure incertain. *Voir pages 54–57.*

Irlande du Nord

Perspectives de paix : correctes

Le cessez-le-feu de 1994 et l'accord de paix du Vendredi saint en 1998 ont mis fin à la violence entre les deux communautés d'Irlande du Nord, mais n'ont pas mis fin aux querelles internes. Les Unionistes demeurent extrêmement méfiants en raison du refus de l'IRA d'abandonner ses armes ; les Loyalistes ont insisté pour maintenir leurs marches traditionnelles. Mais les gouvernements de Dublin et de Londres ont engagé leur prestige dans le processus de paix et l'Irlande du Nord en a bénéficié. Bien que le processus de paix ait cahoté d'une crise à l'autre et pourrait être remis en cause par l'irresponsabilité de certains politiques, seule une infime minorité veut reprendre les hostilités. *Voir les pages 40, 50-51.*

Guatemala

Perspectives de paix : correctes

Les pourparlers de paix qui débouchèrent sur les accords de 1996 durèrent plus de six ans. Bien que l'accord ait été par trop ambitieux, un peu rapide et que, lors des six premières années d'application, les causes sous-jacentes de la guerre aient à peine été traitées, il est parvenu à convaincre les gens ordinaires de ne pas reprendre la guerre. Les problèmes économiques n'ont pas entraîné un retour au conflit armé et il n'existe aucun signe indiquant qu'un des groupes rivaux l'a envisagé. Les rivalités politiques continuent et l'avenir du pays dépend des chefs politiques ayant la responsabilité de les contenir de manière pacifique. *Voir les pages 104-105.*

Sierra Leone

Perspectives de paix : 50/50

Les accords successifs supervisés par l'ONU et le déploiement des plus importantes forces de maintien de la paix jamais engagées par l'ONU persuadèrent les rebelles du Front révolutionnaire unifié de mettre fin à la guerre. Étroitement lié au président Taylor du Liberia voisin et profitant de la vente de diamants, le FRU faisait pourtant partie des habituels saboteurs de paix. En 2000, ils retinrent des Casques bleus en otage et lancèrent une offensive contre la capitale, Freetown. Mais, lors d'une courte intervention militaire, les forces britanniques infligèrent un coup sévère au FRU. Son chef fut ensuite capturé par le gouvernement de Sierra Leone et la crise des otages prit fin. En 2001, la démobilisation du FRU et d'autres milices était en cours et, en 2002, on parvint à un accord de paix. La Sierra Leone est le pays le plus pauvre du monde, et la paix et la stabilité ne sont pas pour demain. Si le gouvernement parvient à empêcher l'émergence de forces telles que le FRU et que la guerre ne déborde pas des États voisins, ce pays a une chance d'y parvenir. *Voir les pages 40, 88-89.*

Afrique du Sud

Perspectives de paix : bonnes

La décision du président De Klerk de visiter le chef de l'ANC Nelson Mandela en prison et la décision de Mandela de discuter avec lui révélèrent les qualités d'hommes d'État de ces deux chefs politiques. Lors des négociations et des discussions constitutionnelles qui suivirent la libération de Mandela en 1990, ils demeurèrent des adversaires politiques mais compensèrent cela par leur implication commune dans le processus de paix. La paix fut menacée par les violences entre les Noirs d'Afrique du Sud cherchant à se partager le pouvoir de l'après-apartheid. Comme le reste de l'Afrique australe, le pays est frappé de plein fouet par le sida, et le fossé entre les riches et les pauvres est grand. Bien que les deux géants politiques aient quitté la scène, un retour à la lutte armée semble improbable. *Voir les pages 98-99.*

Bosnie-Herzégovine

Perspectives de paix : dépendantes de la poursuite de l'aide extérieure

L'accord de paix de Dayton signé en 1995 par la Bosnie-Herzégovine, la Croatie et la Yougoslavie a mis fin à trois années de guerre. La présence d'une force internationale a empêché la reprise des combats. Le développement économique a été minime, la corruption est rampante et le pays dépend des subsides provenant de l'extérieur. La Bosnie-Herzégovine est la vague union de trois composantes, l'une croate, l'autre serbe et la dernière à majorité bosniaque. Les principaux dirigeants croates et serbes de Bosnie-Herzégovine se sont peu intéressés à l'établissement d'un pays viable et unifié et ont reçu des encouragements contraires des nationalistes en Serbie et en Croatie. La participation aux élections est faible, reflétant le peu d'espoir et la méfiance à l'égard des politiciens. Si les forces internationales se retiraient, il est à craindre que la guerre reprenne. *Voir les pages 40, 52-53, 56-57.*

Tchétchénie

Perspectives de paix : minimale

L'accord de paix de 1996 n'était qu'une trêve. Il découlait de l'incapacité des Russes à gagner la guerre et ne reflétait pas le désir des belligérants de trouver un compromis sur le long terme. Un règlement véritable (accorder l'indépendance à la Tchétchénie) fut repoussé à cinq ans, mais les hostilités reprirent au bout de trois ans seulement. Les deux adversaires se sont poussés dans leurs derniers retranchements et ont tous les deux fait preuve d'une violence extrême. Un changement de direction pour l'un ou les deux adversaires sera nécessaire pour que des pourparlers débutent.
Voir les pages 41, 58-59.

Sri Lanka

Perspectives de paix : 50/50

En 2002, à la surprise quasi générale, le gouvernement et les Tigres tamouls parvinrent non seulement à un accord de cessez-le-feu sous le patronage du gouvernement norvégien, mais entamèrent des négociations pour parvenir à un accord de paix. Si le gouvernement sri lankais peut accepter d'instituer l'autonomie tamoule et si les Tigres cessent de demander leur indépendance totale, un accord est possible, malgré la violence de ce conflit. La désunion qui règne au sein du gouvernement sri lankais (le président provient d'un parti, le Premier ministre et sa majorité parlementaire d'un autre) pourrait déstabiliser le processus de paix.
Voir les pages 80-81.

Cambodge

Perspectives de paix : bonnes

En 1992, la pire des guerre de l'Asie du Sud-Est s'est terminée par un accord de paix, non parce que tous les belligérants s'y rallièrent, mais parce que la majorité d'entre eux s'accordèrent pour considérer que les Khmers rouges avaient toute crédibilité, y compris à leurs propres yeux. Bien qu'ils aient assassiné des assesseurs et bombardé les électeurs qui se rendaient aux bureaux de vote, les Khmers rouges furent incapables de s'opposer aux élections et leur disparition est inévitable.
Voir les pages 41 et 82.

Mozambique

Perspectives de paix : bonnes

De tous les processus de paix, c'est peut-être le plus inattendu, bien que la mutation interne de l'Afrique du Sud ait fait perdre aux combattants du RENAMO leur principal soutien dans la région. Rares étaient ceux qui pensaient que le RENAMO se transformerait en parti politique, et encore plus rares étaient ceux qui pensaient qu'il respecterait une défaite électorale. Grâce aux encouragements de l'ONU, il est pourtant devenu un parti d'opposition parlementaire, ce qui a permis au pays de mettre fin à une guerre longue de plusieurs décennies.
Voir les pages 98-99.

Israël et Palestine

Perspectives de paix : difficiles

Le processus d'Oslo avait délibérément ajourné les questions difficiles et s'était concentré sur les points où un accord était possible. En moins de trois ans, ce processus de paix était pourtant moribond. Il expira en 2000, quand les négociations firent apparaître le fossé existant entre ce que chacune des parties considérait comme un accord raisonnable sur le partage de Jérusalem, et le début de la seconde *Intifada* l'enterra tout à fait. Les débordements de violence des deux côtés et la méfiance mutuelle rendent difficile la conclusion d'un accord. La poursuite de l'occupation miliaire de la Cisjordanie et l'implantation de colonies juives, ajoutées au ressentiment des Palestiniens sont autant de raisons à la poursuite des violences.
Voir les pages 41, 64-67.

Irak

Perspectives de paix : incertaines

Depuis qu'ils préparent leur offensive contre l'Irak, les Américains ont semblé s'intéresser davantage à la façon dont ils allaient la mener qu'à ses suites. Se pose bien sûr le problème de l'installation d'institutions politiques stables dans un pays où la démocratie est absente et dont l'appareil d'État gouverne essentiellement par la terreur. L'unité du pays est également remise en cause, car l'Irak compte une minorité kurde importante dont les dirigeants désirent l'autonomie ; un arrangement qui n'irait pas sans déplaire à la Turquie voisine, qui craint que cela ne provoque un regain de militantisme chez les Kurdes de Turquie. L'Irak possède d'immenses ressources pétrolières pour asseoir son développement. Mais, comme ses voisins le démontrent, la richesse pétrolière n'est pas une garantie de paix.
Voir les pages 41, 62-63, 70-71.

Tableau des guerres

Nous avons considéré, pour l'établissement de cet index des guerres – comme pour la préparation des cartes – que des événements répondaient à la définition de guerre ou de conflit armé quand ils comprennent :

un conflit armé :
- entre deux partis au moins,
- impliquant des combattants et des combats organisés,
- pour des questions de territoire et/ou de pouvoir politique,
- avec une certaine continuité entre les affrontements,
- faisant, en moins d'un an, un minimum de 25 tués au combat sur un total d'au moins plusieurs centaines de morts.

À l'inverse d'autres chercheurs, nous ne faisons pas de distinction entre les termes de « guerre » et de « conflit armé ». Ils sont indifféremment utilisés tout au long de l'ouvrage. Nous ne faisons pas non plus – contrairement à certains politiciens et commentateurs – de distinction dans les différentes tactiques utilisées lors d'un conflit, en baptisant par exemple certaines de « terroristes », ce qui les placerait dans une autre catégorie ; La guerre engendre de nombreuses formes de terreur. Le terme de « guerre » lui-même ne signifie pas davantage que nous donnons raison à l'un ou l'autre des participants au conflit.

Le seuil de 25 tués peut sembler faible pour certaines personnes, mais il est fondamental car, dans le déroulement de nombreuses guerres modernes, de longues périodes de relative inactivité font place à de soudaines éruptions de violence. Un seuil plus élevé pourrait indûment suggérer que ces guerres sont brèves alors que certaines durent depuis fort longtemps.

Pourtant, dans certains conflits en cours, les opérations sont momentanément interrompues ou se poursuivent à une si faible intensité que ce seuil n'est pas atteint. L'index n'indique donc pas que ces conflits sont terminés, mais qu'ils sont « suspendus ».

Nous avons délibérément omis le mot « État » de notre définition des conflits. Jusqu'à une période récente, on ne considérait un événement comme une guerre que s'il impliquait au moins un État. Mais, quand des événements similaires se produisent entre deux parties que l'ONU ne reconnaît pas comme des États, décréter que cette guerre n'en est pas une est une décision arbitraire et hypocrite. Des guerres n'impliquant aucun État se sont produites en Somalie, au Somaliland, dans le nord de l'Irak ou dans des pays comme le Liban ou le Liberia dans lesquels, pendant certaines périodes, plus personne n'exerçait le pouvoir.

L'index indique l'état des conflits en novembre 2002.

Tableau des guerres 1990-2002

Pays	Genre de conflit	Lieu des conflits
Afghanistan	guerre civile	générale
Afrique du Sud	guerre entre États	Lesotho
Albanie	guerre civile	régions du Sud
Algérie	guerre civile	générale
Angola	guerre civile	générale
	guerre civile régionale	enclave de Cabinda
	intervention en Rép. dém. du Congo	Rép. dém. du Congo
Arabie saoudite	guerre entre États	Koweït/Irak
Arménie	guerre entre États	Haut-Karabakh et région frontalière avec l'Azerbaïdjan
Azerbaïdjan	guerre entre États	Haut-Karabakh et région frontalière avec l'Arménie
Bangladesh	guerre civile régionale	collines de Chittagong
Birmanie	guerre civile régionale	Kachin
	guerre civile régionale	Chan
	guerre civile régionale	Karen
	guerre civile	générale
	guerre civile régionale	Arakan
	guerre civile régionale	Kayah
Bosnie-Herzégovine	guerre civile	générale
	guerre civile régionale	régions centrales
Burundi	guerre civile	générale
	intervention en Rép. dém. du Congo	Rép. dém. du Congo
Cambodge	guerre civile	générale
Canada	intervention en Afghanistan	Afghanistan
	intervention en Rép. dém. du Congo	Rép. dém. du Congo
Colombie	guerre civile	générale
Congo (Brazzaville)	guerre civile	générale
	guerre civile	générale
Côte d'Ivoire	guerre civile	générale
	guerre civile	générale
Croatie	guerre d'indépendance	Slavonie/Krajina
	guerre civile régionale	Slavonie occidentale/Krajina
Djibouti	guerre civile régionale	Afar
Égypte	guerre civile	générale
Équateur	guerre frontalière entre États	région frontalière
Érythrée	guerre entre États	région frontalière
	guerre d'indépendance	Érythrée
Espagne	guerre civile régionale	Pays basque
États-Unis d'Amérique	guerre entre États	Irak
	guerre entre États	Koweït/Irak
	guerre entre États	Yougoslavie
	intervention en Afghanistan	Afghanistan
Éthiopie	guerre entre États	région frontalière
	contre une guerre d'indépendance	Erythrée
	guerre civile	générale
	guerre civile ayant débordé	région frontalière d'Ogaden en Somalie
	guerre civile régionale	région d'Oromo (et au-delà de la frontière somalienne)
	guerre civile ayant débordé	région de Mogadiscio (Somalie)
France	guerre entre États	Koweït/Irak
Géorgie	guerre civile	région occidentale
	guerre civile régionale	Ossétie du Sud
	guerre d'indépendance	Abkhazie

Début des conflits	État des conflits 2002	Pays
1978	en cours	Afghanistan
1998	suspendu par un arrêt des combats 1998	Afrique du Sud
1997	suspendu par un arrêt des combats 1997	Albanie
1992	en cours	Algérie
1975	**suspendu par un accord 2002**	Angola
1978	suspendu par un arrêt des combats 1998	
1998	**retrait 2002**	
1991	suspendu par un accord 1991	Arabie saoudite
1990	suspendu par un arrêt des combats 1997 (accord non respecté 1994)	Arménie
1990	suspendu par un arrêt des combats 1997 (accord non respecté 1994)	Azerbaïdjan
1973	suspendu par un accord 1997 (précédente suspension 1992-96)	Bangladesh
1948	suspendu par un accord 1994	Birmanie
1948	en cours	
1949	en cours	
1991	suspendu par un arrêt des combats 1992	
1992	suspendu par un arrêt des combats 1994	
1992	en cours	
1992	suspendu par un accord 1995	Bosnie-Herzégovine
1993	suspendu par un accord 1994	
1988	en cours	Burundi
1999	retrait 2001	
1970	suspendu par un arrêt des combats 1998	Cambodge
2001	en cours	Canada
1998	retrait 2000	
1966	en cours	Colombie
1993	suspendu par un accord 1994	Congo (Brazzaville)
1997	suspendu par un accord 1999	
2000	suspendu par un arrêt des combats 2001	Côte d'Ivoire
2002	en cours	
1991	suspendu par un accord 1992	Croatie
1995	suspendu par un accord 1995	
1991	suspendu par un arrêt des combats 1996	Djibouti
1992	suspendu par un arrêt des combats 1998	Égypte
1995	suspendu par un accord 1995	Équateur
1998	suspendu par un accord 2000	Érythrée
1962	suspendu par un accord 1991	
1968	suspendu par un arrêt des combats 1992 (nouveaux attentats de l'ETA début 2000)	Espagne
1998	suspendu 2001	États-Unis d'Amérique
1991	suspendu par un accord 1991	
1999	suspendu par un accord 1999	
2001	en cours	
1998	suspendu par un accord 2000	Éthiopie
1962	suspendu par un accord 1991	
1974	suspendu par un accord 1991	
1996	en cours	
1996	en cours	
1999	en cours	
1991	suspendu par un accord 1991	France
1991	suspendu par un arrêt des combats 1993	Géorgie
1991	suspendu par un accord 1992	
1992	**en cours 2002 malgré un accord en 1993 (précédents combats 1998)**	

Tableau des guerres 1990-2002

Pays	Genre de conflit	Lieu des conflits
Ghana	guerre civile régionale	régions du Nord
	guerre civile	Bawku, nord-est du Ghana
Guatemala	guerre civile	générale
Guinée	guerre civile régionale	différentes régions
Guinée-Bissau	guerre civile	générale
Haïti	guerre civile	générale
Inde	guerre entre États	Cachemire
	guerre civile régionale	Cachemire
	guerre civile régionale	Andhra Pradesh, Bihar et Madhya Pradesh
	guerre civile régionale	Pendjab
	guerre civile régionale	Assam
	guerre civile régionale	Manipur
	guerre civile régionale	Nagaland
	guerre civile régionale	Tripura
Indonésie	guerre civile régionale	Papouasie occidentale
	guerre contre l'indépendance	Timor-Oriental
	guerre civile régionale	Sumatra/Aceh
	guerre civile régionale	îles Moluques
Iran	guerre civile	générale
	guerre civile régionale	régions kurdes du Nord-Ouest
Irak	guerre civile régionale	régions du Nord/Kurdistan
	guerre entre États	Irak/Koweït
	guerre civile régionale	région Shia du Sud
	guerre entre États	Irak
Israël	guerre civile	générale, incl. Territoires occupés
Kurdistan	guerre civile	générale
Koweït	guerre entre États	Koweït/Irak
Laos	guerre civile	générale
Lesotho	guerre entre États	générale
Liban	guerre générale, puis régionale	zone sud, depuis 1990
	guerre civile	
Liberia	guerre civile	générale
	guerre civile	régions du Nord
Libye	guerre civile	générale
Macédoine	guerre civile	Nord et Ouest
Mali	guerre civile régionale	régions touarègues du Nord
Maroc	contre l'indépendance	Sahara occidental
Mauritanie	guerre entre États	régions frontalières
Mexique	guerre civile régionale	Chiapas
	guerre civile régionale	Guerrero
Moldavie	guerre civile régionale	république de Transdniestrie
Mozambique	guerre civile	générale
Namibie	intervention en Rép. dém. du Congo	Rép. dém. du Congo
Népal	guerre civile	générale
Nicaragua	guerre civile	générale
Niger	guerre civile régionale	régions touarègues du Nord
	guerre civile régionale	région orientale
Nigeria	accrochages avec le Tchad	région frontalière
	guerre civile régionale	région du Nord
Norvège	intervention en Afghanistan	Afghanistan
Ouganda	guerre civile régionale	région du Nord
	guerre civile régionale	région occidentale
	guerre civile régionale	centre
	guerre civile régionale	région du Sud-Est
	intervention en Rép. dém. du Congo	Rép. dém. du Congo
Ouzbékistan	guerre civile ayant débordé	Kirghizstan

Début des conflits	État des conflits 2002	Pays
1994	suspendu par un arrêt des combats 1995	Ghana
1999	**en cours**	
1968	suspendu par un accord 1996	Guatemala
2000	**en cours**	Guinée
1998	suspendu par un arrêt des combats 2000	Guinée-Bissau
1991	suspendu par un arrêt des combats 1991	Haïti
1982	**en cours**	Inde
1990	**en cours**	
1969	**en cours**	
1981	suspendu par un arrêt des combats 1993	
1987	**en cours**	
1991	**en cours**	
1978	suspendu par un accord 1997	
1993	**en cours**	
1963	**en cours**	Indonésie
1975	suspendu par un accord 1999	
1989	**en cours**	
1999	**en cours**	
1978	suspendu par un arrêt des combats 1993	Iran
1979	suspendu par un arrêt des combats 1995	
1974	suspendu par un arrêt des combats 1997	Irak
1990	suspendu par un accord 1991	
1991	suspendu par un arrêt des combats 1997	
1998	suspendu par un arrêt des combats 2001	
1948	**en cours**	Israël
1993	suspendu par un arrêt des combats 1998	Kurdistan
1990	suspendu par un accord 1991	Koweït
1975	suspendu par un arrêt des combats 1990	Laos
1998	suspendu par un arrêt des combats 1998	Lesotho
1975	suspendu par un accord 2000 accrochages depuis	Liban
1989	suspendu par un accord 1997	Liberia
1999	**en cours**	
1995	suspendu par un arrêt des combats 1997	Libye
2001	suspendu par un accord 2001	Macédoine
1990	suspendu par un accord 1995	Mali
1975	suspendu par un arrêt des combats 1991	Maroc
1989	suspendu par un accord 1991	Mauritanie
1994	suspendu par un accord 1995	Mexique
1996	terminé par un arrêt des combats 1998	
1991	suspendu par un accord 1992	Moldavie
1976	suspendu par un accord 1992	Mozambique
1998	**retrait 2002**	Namibie
1997	**en cours**	Népal
1974	suspendu par un accord 1990	Nicaragua
1991	suspendu par un accord 1997	Niger
1994	suspendu par un accord 1997	
1998	suspendu par un accord 1998	Nigeria
2000	**en cours**	
2001	**en cours**	Norvège
1986	**en cours**	Ouganda
1986	**en cours**	
1994	suspendu par un arrêt des combats 1995	
1994	suspendu par un arrêt des combats 1995	
1998	**retrait 2002**	
1999	**en cours**	Ouzbékistan

Tableau des guerres 1990-2002

Pays	Genre de conflit	Lieu des conflits
Pakistan	guerre entre États	Cachemire
	guerre civile régionale	Karachi/Sind
	guerre civile régionale	Pendjab
Papouasie-Nouvelle-Guinée	guerre civile régionale	Bougainville
Pérou	guerre civile	générale
	guerre entre États	région frontalière
Philippines	guerre civile	générale
	guerre civile régionale	Mindanao
République centrafricaine	guerre civile	générale
République démocratique du Congo	guerre civile	générale
	guerre transnationale	générale
Royaume-Uni	guerre entre États	Irak
	guerre civile régionale	Irlande du Nord
	guerre entre États	Koweït/Irak
	intervention en Sierra Leone	Sierra Leone
	intervention en Afghanistan	Afghanistan
Russie	guerre civile régionale	Ossétie du Nord/Ingouchie
	guerre civile	Moscou
	guerre civile régionale	Tchétchénie
	guerre civile régionale	Tchétchénie
	guerre civile régionale	Daguestan
Rwanda	guerre civile	générale
	intervention en Rép. dém. du Congo	Rép. dém. du Congo
Sahara occidental	guerre d'indépendance	Sahara occidental
Salvador	guerre civile	générale
Sénégal	guerre entre États	régions frontalières
	guerre civile régionale	région de Casamance
Sierra Leone	guerre civile	générale
Slovénie	guerre d'indépendance	Slovénie
Somalie	guerre civile	générale
	guerre civile	générale
Somaliland	guerre civile	générale
	guerre civile	générale
Sri Lanka	guerre civile régionale	zones tamoules/nord-est
	guerre civile	générale
Soudan	guerre civile régionale	régions sud et est
	guerre civile régionale	Beja
	intervention en Rép. dém. du Congo	Rép. dém. du Congo
Surinam	guerre civile	générale
Syrie	guerre entre États	Koweït/Irak
Tadjikistan	guerre civile	générale
Tchad	accrochages avec le Nigeria	région frontalière
	guerre civile	générale
Timor-Oriental	guerre d'indépendance	Timor-Oriental
Togo	guerre civile	générale
Turquie	guerre civile régionale	région kurde du Sud-Est/Nord de l'Irak
	guerre civile régionale	région occidentale
Venezuela	guerre civile	générale
Yémen	guerre civile	générale
Yougoslavie	contre l'indépendance	Slovénie
	contre l'indépendance	Croatie
	guerre civile régionale	Kosovo
	guerre entre États	Yougoslavie
Zimbabwe	intervention en Rép. dém. du Congo	Rép. dém. du Congo

Début des conflits	État des conflits 2002	Pays
1982	en cours	Pakistan
1992	en cours	
1996	en cours	
1988	suspendu par un arrêt des combats 1997 puis par un accord de paix 1998	Papouasie-Nouvelle-Guinée
1980	suspendu par un arrêt des combats 1999	Pérou
1995	suspendu par un accord 1995	
1969	en cours	Philippines
1974	en cours	
2001	en cours	République centrafricaine
1996	suspendu par un arrêt des combats 1997	République démocratique du Congo
1997	en cours malgré un accord en 2002 et le retrait des forces étrangères	
1998	suspendu 2001	Royaume-Uni
1969	suspendu par un accord 1994	
1991	suspendu par un accord 1991	
2000	retrait 2001	
2001	en cours	
1992	suspendu par un arrêt des combats 1992	Russie
1993	suspendu par un arrêt des combats 1993	
1994	suspendu par un accord 1996	
1999	en cours	
1999	suspendu par un arrêt des combats 1999	
1990	en cours	Rwanda
1998	retrait 2002	
1975	suspendu par un arrêt des combats 1991	Sahara occidental
1979	suspendu par un accord 1991	Salvador
1989	suspendu par un accord 1991	Sénégal
1990	suspendu par un accord 2002	
1991	suspendu par un accord 2002	Sierra Leone
1991	suspendu par un accord 1991	Slovénie
1977	suspendu par un accord 1991	Somalie
1991	en cours	
1991	suspendu par un arrêt des combats 1995	Somaliland
1984	suspendu par un accord 1994	
1977	suspendu par un cessez-le-feu 2002	Sri Lanka
1983	suspendu par un arrêt des combats 1990	
1955	en cours malgré un accord provisoire 2002	Soudan
1994	suspendu par un arrêt des combats 1995	
1998	retrait 2001	
1986	suspendu par un accord 1992	Surinam
1991	suspendu par un accord 1991	Syrie
1992	suspendu par un arrêt des combats 1998	Tadjikistan
1998	suspendu par un accord 1998	Tchad
1965	en cours	
1975	suspendu par un accord 1999	Timor-Oriental
1991	suspendu par un arrêt des combats 1991	Togo
1977	suspendu par un arrêt des combats 2001	Turquie
1991	suspendu par un arrêt des combats 1992	
1992	suspendu par un arrêt des combats 1992	Venezuela
1994	suspendu par un accord 1994	Yémen
1991	suspendu par un accord 1991	Yougoslavie
1991	suspendu par un accord 1992	
1998	suspendu par un arrêt des combats 1999	
1999	suspendu par un accord 1999	
1998	retrait 2002	Zimbabwe

SOURCES

Il existe quatre grandes sources sur les questions relatives à la paix et à la guerre.

• Les principaux ouvrages de référence sont *The Military Balance*, publié par l'Institut international des études stratégiques à Londres ; *Yearbook* de l'Institut international de recherche pour la paix de Stockholm, ainsi que des ouvrages plus généraux comme *Statesman's Yearbook* ou l'*Encyclopædia Britannica*.

• Les ouvrages, rapports et articles spécialisés – universitaires, journalistiques ou issus d'organisations militantes – traitent pour la plupart d'un thème ou d'une région en guerre. Les études purement académiques contribuent à fournir des données brutes, tandis que les travaux d'activistes ou de journalistes fourmillent d'informations parmi lesquelles il convient de choisir ce que l'on désire mettre en lumière.

• Les documents produits par les administrations, comme le *World's Fact Book* de la CIA ou les rapports, études et statistiques de l'ONU, traitent de l'essentiel des questions soulevées par les guerres ou les États en crise : épidémie du sida, maintien de la paix, données économiques, etc.

La majorité de ces sources est accessible par l'Internet. De nombreux groupes de médias, centres de recherche et organisations non gouvernementales disposent d'archives en ligne facilement accessibles. La liste des sources qui suit présente donc un grand nombre de sites Internet qui proposent des rapports particulièrement détaillés, des synthèses plus brèves ou les chronologies de pays ou de conflits. Certains (INCORE, par exemple) sont particulièrement utiles, car ils organisent systématiquement le flux des informations. De nombreuses sources Internet ne disposent pas de dates car elles sont fréquemment mises à jour.

Londres, *Conciliation Resources* : http://www.cr.org/accord/index.htm?accser/series.htm

• Clem McCartney, dir. *Striking a Balance : the Northern Ireland Peace Process*, 1999 ;
• Okello Lucima, dir., *Protracted Conflict, Elusive Peace : Initiatives to end the Violence in Northern Uganda*, 2002 ;
• David Lord, dir., *Paying the Price : The Sierra Leone Peace Process*, 2000 ;
• *Demanding sacrifice : War & Negotiation in Sri Lanka*, 1998 ;
• *The Mozambican Peace Process in Perspective*, 1998.
Adedeji, Adebayo, dir., *Comprehending and Mastering African Conflicts, The Search for Sustainable Peace and Good Governance*, Londres & New York, Zed Books, 1999.
Afghan Info Center : www.afghan-info.com
Afrol : www.afrol.com
Allison, Graham et J. Grennan, *US Policy on Russian and Caspian Oil exports : Addressing America's Oil Addiction*, Cambridge, Harvard University, John F. Kennedy School of Government, 2002.
Rapport d'Amnesty International (annuel), Londres, Amnesty International : http://www.amnesty.org/ailib/aireport/index.html et http://www.amnesty.asso.fr/ (en français).
ARK : Archives sociales et politiques sur l'Irlande du Nord : Conflict Archive on the Internet (CAIN) : *Le Conflit en Irlande du Nord (de 1968 à nos jours)* : http://cain.ulst.ac.uk
Asie, données sur : *Ask Asia* www.askasia.org et *Asia Source* : www.asiasource.org
Avalon Project at Yale Law School, The : *Documents in Law, History and Diplomacy* : http://www.yale.edu/lawweb/avalon/avalon.htm
Baev, Pavel, *Russia Refocuses its Policies in the Southern Caucasus*, Cambridge Mass., Harvard University, John F. Kennedy School of Government, Caspian Studies Program, Working Paper Series, n°1, juillet 2001.
BBC World – chronologies et données sur les pays : http://news.bbc.co.uk/2/shared/bsp/hi/country_profiles/html/default. stm
Brogan, Patric, *World Conflicts*, Boston Way

Lanham, Maryland, Scarecrow Press, Inc, 1998.

B'tselem – le Centre d'information israélien sur les droits de l'homme dans les Territoires occupés :

• Yehezkel Lein, *Not Even a Drop : The Water Crisis in Palestinian Villages Without a Water Network*, juillet 2001 : http://www.betselem.org/Download/Not_Even_A_Drop-2001.doc

• Yael Stein, *Israel's Policy of House Demolitions and Destruction of Agricultural Land in the Gaza Strip*, février 2002 : http://www.betselem.org/

• Yehezkel Lein, *Land Grab : Israel's Settlement policy in the West Bank*, mai 2002 : http://www.betselem.org/Download/Land_Grab_Eng.doc

Burg, Stephen L. et P.S. Shoup, *The War in Bosnia Herzegovina, Ethnic Conflict and International Intervention*, New York, M.E. Sharpe, 2000.

Burma Campaign – *sur la Birmanie* : http://www.burmacampaign.org.uk/aboutburma.html

Care International, Christian Aid, International Rescue Committee, Oxfam, Save the Children & Tearfund, *The Key to Peace : Unlocking the Human Potential for Sudan*, Interagency report, mai 2002, jointly published : http://www.christian-aid.org.uk/indepth/0207sud/keytopeace.pdf

Coalition to Stop the use of Child Soldiers, *The Child Soldiers Global Report 2001* : www.child-soldiers.org

Conetta, Carl, *The Pentagon's New Budget, New Strategy, and New War*, Cambridge, Mass. : Project on Defence Alternatives, 2002 : www.co.org/pda/0206newwar.html

Copson, Raymond W., *Africa's Wars and Prospects for Peace*, New York, M.E. Sharpe, Inc, 1994.

Darweish, Marwan and A. Rigby, *Palestinians in Israel : Nationality and Citizenship*, Bradford, University of Bradford, 1995.

Economist, The : www.economist.com

Encarta homepage : www.encarta.msn.com

Encyclopædia Britannica : http://search.eb.com

Eriksson, John, *The International Response to Conflict and Genocide, Lessons from the Rwanda Experience* : Synthesis Report, Copenhague, Danemark, 1997 : http://www.um.dk/danida/evalueringsrapporter/1997 rwanda/

EurasiaNet Weekly Update : http://lists.partners-intl.net/pipermail/neww-rights/2000-Août/000227.html

Europa World Yearbook 2001, *Londres, Europa Publications, 2001.*

Federation of American Scientists – documents on Ballistic Missile Defense : http://www.fas.org/ssp/bmd/index.html

Financial Times : www.ft.com

Glenny, Misha, *The Balkans 1804-1999, Nationalism, War and the Great Powers*, Londres, Granta Books, 2000.

Global IDP Project, Database and Profile of Internal Displacement : Sudan (2002). Oslo : Norwegian Refugee Council and Global IDP Project, 2002 : http://www.db.idpproject.org/Sites/idpSurvey.nsf/wCountries/Sudan

Graduate Institute of International Studies, Geneva, Small Arms Survey 2001, New York & Oxford, Oxford University Press, 2001.

Griffin, Michael, *Reaping the Whirlwind, The Taliban Movement in Afghanistan*, Londres and Sterling, Virginia, Pluto Press, 2001.

Guardian, The : www.guardian.co.uk

Gunaratna, Rohan, *Inside Al-Qaeda, Global Network of Terror*, Londres, Hurst and Company, 2002.

Human Rights Watch : www.hrw.org

• World Report 2002 : http://www.hrw.org/wr2k2/

• *Slavery and Slave Redemption in the Sudan, 2002* : http://www.hrw.org/backgrounder/africa/sudanupdate.htm

• Afghanistan : Return of the Warlords, 2002 : http://hrw.org/backgrounder/asia/afghanistan/warlords.htm

• Indonesia : Accountability for Human Rights Violations in Aceh, 2002 : http://hrw.org/reports/2002/aceh/index.htm#TopOfPage

Ichkeria, The Languages of the Caucasus : http://www.ichkeria.org/english/maps

Independent, The : www.independent.cok.uk

International Institute for Strategic Studies, Londres :

• *The Military Balance 2001-2002*, New York &

Oxford : Oxford University Press, 2001.
• *Strategic Survey 2001-2002*, New York &
Oxford : Oxford University Press, 2002.
*Incore Conflict Data Service Internet Country
Guides* : http://www.incore.ulst.ac.uk/cds/countries/
Institute for War and Peace Reporting :
www.iwpr.net
• *Balkan Crisis Report*
• *Caucasus Reporting Service*
• *Afghan Recovery Report*
• *Reporting Central Asia*
• *Tribunal Update*
International Campaign to Ban Landmines
(Campagne Internationale pour l'interdiction des
mines terrestres) *Landmine Monitor Report (annuel
depuis 1999 – lieu de publication inconnu)* :
http://www.icbl.org/lm/2002/
*International Committee of the Red Cross (ICRC) –
documents et rapports sur le droit humanitaire
international* :
http://www.icrc.org/Web/eng/siteeng0.nsf/iwpList2/H
umanitarian_law
International Crisis Group reports :
www.crisisweb.org
• *The Loya Jirga : One Small Step Forward ?,*
mai 2002 ;
• *Kashmir : Confrontation and Miscalculation,*
juillet 2002 ;
• *Myanmar : The Politics of Humanitarian Aid,*
avril 2002 ;
• *Myanmar : The Military Regime's View of the
World,* décembre 2001 ;
• *Burma/Myanmar : How Strong is the Military
Regime ?,* décembre 2001 ;
• *Central Asia : Water and Conflict,* mai 2002 ;
• *Central Asia : Border Disputes and Conflict
Potential,* avril 2002 ;
• *Burundi After Six Months Of Transition :
Continuing The War Or Winning Peace ?,* mai
2002 ;
• *Rwanda/Uganda : A Dangerous War of Nerves,*
décembre 2001 ;
• *Colombia's Elusive Quest for Peace,* mars 2002 ;
• *La Concorde civile : Une initiative de paix gâchée
(version originale en français),* Bruxelles : Africa
Report N°31, juillet 2001.

International Herald Tribune : www.iht.com
Judah, Tim, Kosovo, *War and Revenge*, New Haven
and Londres, Yale University Press, 2000.
Kepel, Gilles, *Jihad : Expansion et déclin de l'Islam,*
Gallimard, Paris, 2000.
Lewis, Bernard, *What Went Wrong ? The Clash
Between Islam and Modernity In the Middle East.*
Londres, Weidenfeld & Nicolson, 2002.
Lumpe, Lora, ed., *Running Guns,* Londres, Zed
Books, 2000.
Malcolm, Noel, *Bosnia : A Short History,* Londres,
Macmillan papermac, 1996.
Malcolm, Noel, *Kosovo : A Short History,* Londres,
Macmillan, 1998.
Malley Robert and H. Agha, *"Camp David : The
Tragedy of Errors."*, The New York Review of Books,
août 9, 2001.
McDowall, David, *A Modern History of the Kurds,*
Londres, I.B. Tauris, 1997.
National Defence Council Foundation, *World
Conflict List 2000* :
http://www.ndcf.org/Conflict_List/Conflict_Count_
2000.htm
Nations unies :
• *The Blue Helmets, A Review of United Nations
Peace-keeping,* New York, United Nations
Department of Public Information, 1996 ;
• *Report of the Panel on United Nations Peace
Operations (Rapport Brahimi),* New York, United
Nations, 2000. www.un.org/peace/reports/peace-
operations
• United Nations Integrated Regional Information
Network : www.irinnews.org
• Peacekeeping Operations :
http://www.un.org/Depts/dpko/dpko/ops.htm
New York Times, The : www.nytimes.com
Nations unies, Programme de développement des :
• *Human Development Report (annuel),* New York &
Oxford, Oxford University Press :
http://www.undp.org/rbas/ahdr/bychapter.html
• *Arab Human Development Report 2002* :
http://www.undp.org/rbas/ahdr/bychapter.html
Nobel Institute Conflict Map :
www.nobel.se/peace/educational/conflictmap/conflict
map.html
Norwegian Initiative on Small Arms Transfers :

www.nisat.org

Palestinian Academic Society for the Study of International Affairs (PASSIA). *Palestine Facts & Info* : http://www.passia.org/index_pfacts._htm

Peace Now, 34 New Settlement Sites since'01 Elections, mars 2002 : www.peacenow.org.il

Rashid, Ahmed, *Taliban, The Story of the Afghan Warlords*, Londres, Pan Books, 2001.

RightsMaps, *Oil and Human Rights in Central and Southern Sudan* : http://www.rightsmaps.com/html/sudmap3.html

Ruthven, Malise, *A Fury for God*, Londres & New York, Granta Books, 2002.

Salvesen, Hilde, *Guatemala : Five Years After the Peace Accords – The Challenges of Implementing Peace,* Oslo, International Peace Research Institute, 2002 : http://www.prio.no/publications

Shkolnikov, Vladimir, *Recommendations for Democratization Assistance in the Caspian Region. Cambridge, Harvard University, John F. Kennedy School of Government, 2002.*

Shlaim, Avi, *The Iron Wall, Israel and the Arab World*, Londres, Penguin Books, 2001.

South Asia Analysis Group : www.saag.org

South Asia Intelligence Service : www.satp.org

Stockholm International Peace Research Institute. Armaments, *Disarmaments and International Security, SIPRI Yearbook* (annuel), New York & Oxford, Oxford University Press.

The International Community, the Sudanese Civil War, the Sudan People's Liberation Army, and the future of Sudan, Londres, The Sudan Foundation, 1999 : http://www.sufo.demon.co.uk/pax015.htm

Transnational Institute, *Merging war : Afghanistan, Drugs and Terrorism*, Drugs & Conflict Debate Paper N°3. Amsterdam, Transnational Institute, novembre 2001 : http://www.tni.org/drugs/ungass/index.htm

Turner, Barry, ed., *The Statesman's Yearbook 2001*, Londres, Macmillan, 2001.

UNAIDS (2002), *The Report on the Global HIV/AIDS Epidemic ("Le Rapport de Barcelone")*, XIV International Conference on AIDS, Barcelone, 7-12 juillet 2002 : www.unaids.org

United Kingdom Ministry of Defence, *Operation Fingal Force Composition*, Londres, Ministry of Defence, décembre 2001 :

http://www.operations.mod.uk/fingal/orbat.htm

United Nations Office on Drug Control and Crime Prevention, Global Illicit Drug Trends 2002 : http://www.odccp.org/odccp/global_illicit_drug_trends._html

United States Central Intelligence Agency, *The World Fact Book*, Washington, DC, CIA Office of Public Affairs, 2002 : http://www.cia.gov/cia/publications/factbook/index.html

United States Department of State, Office of the Legal Adviser, Treaty Affairs, Treaties in Force, 1er janvier 2000 : http://www.state.gov/www/global/legal_affairs/tifindex._html

US Committee for Refugees, World Refugee Surveys : 1999, 2000 & 2001, USA, Immigration and Refugee services of America 1999.

Vickers, Miranda, *Between Serb and Albanian*, New York, Columbia University Press, 2001.

Washington Post : www.washingtonpost.com

Wood, Brian and Johan Peleman, *The Arms Fixers*, Oslo, International Peace Research Institute, 1999.

World Bank, *World Development Report* (annuel), New York & Oxford, Oxford University Press.

INDEX